ココミル
cocomiru

仙台
松島 平泉

仙台のメインストリート・定禅寺通(P26)

歴史と自然が融合した杜の都・仙台へ

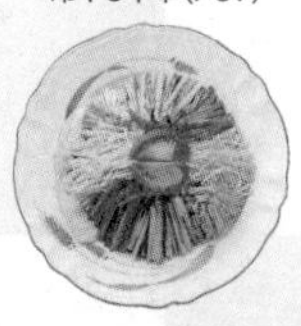
燕来香の
冷やし中華(P57)

東北工芸製作所の
ワインカップ(P34)

左から定禅寺通を走るるーぷる仙台(P122)／ガネッシュティールーム(P27)／甘味処 彦いち(P61)

仙台城跡の伊達政宗公騎馬像(P20)

伊達政宗が眠る瑞鳳殿(P24)

仙台七夕まつり(P32)

Patisserie&Cafe MythiQue
クリスロード店(P62)

富貴寿司の仙台づけ丼
(P55)

しまぬき本店
(P36)

東北随一の都市・仙台には
みどころもグルメもいっぱい!!

左：仙台せり鍋と個室和食 せり草庵(P59)／右：鉄板焼 すていき小次郎(P52)

磊々峡(P84)の渓谷美

茶寮 宗園(P86)の大浴場

茶寮 宗園の夕食(P86)

仙台タウンからひと足のばして
奥州の名湯でリラックス

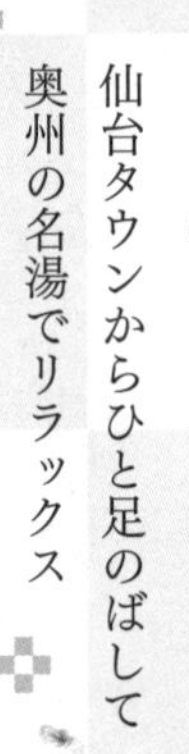

鳴子温泉の下駄手形(P94)

ゆづくしSalon一の坊(P88)の露天風呂(上)、客室(中)、夕食(下)

鷹泉閣 岩松旅館(P89)の露天風呂

滝の湯(P94)は鳴子温泉神社の御神湯

共同浴場の滝の湯

老舗髙亀(P95)の髷こけし

湾に飛び出して立つ五大堂(P75)

塩竈の老舗・すし哲(P82)の握り

日本三景・松島(P72)では多島美を堪能

マルホンまきあーとテラス
石巻市複合文化施設(P100)

石ノ森萬画館(P98)
©石森プロ・東映

日本三景の松島や世界遺産の平泉、
マンガ&アートの街・石巻にも
足をのばしましょう

ヒーローたちがお出迎え!

駅前芭蕉館のわんこそば(P109)

世界遺産・中尊寺(P104)

毛越寺(P106)の毛越寺庭園

仙台タウンってどんなところ?

江戸時代に伊達政宗が築いた緑美しい東北の中心都市

ファッションビルや飲食店が立ち並ぶ東北随一の都市。街路樹がそよぐ町並みの中では、至る所で自然が感じられ、“杜の都”とよばれています。江戸時代には伊達家の下で、仙台100万石といわれるほどに発展。政宗が築いた仙台城跡（☞P20）や政宗の霊屋のある瑞鳳殿（☞P24）など、歴史を感じられる史跡も数多く残っています。

仙台城跡（☞P20）からは仙台の町並みが一望できる

SENDAI光のページェント（☞P33）は東北屈指のイルミネーションイベント

おすすめのシーズンはいつ?

新緑の美しい初夏～夏 四季のイベントも魅力

初夏～夏は仙台が最も輝く季節。新緑をまとった街路樹を眺めながら、気持ちよく町歩きを楽しめます。季節ごとのイベントに合わせて訪れるのもおすすめ。夏は仙台七夕まつり、秋は定禅寺ストリートジャズフェスティバル、冬はSENDAI光のページェントなど、多くの人で賑わいます（☞P32）。

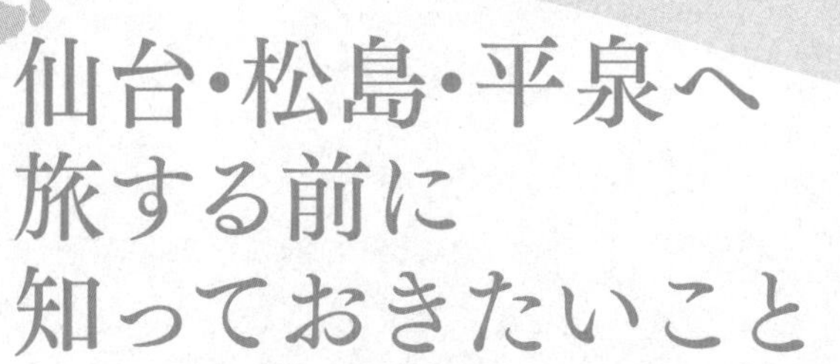

仙台・松島・平泉へ旅する前に知っておきたいこと

伊達政宗によって築かれた緑豊かな町・仙台。
東北の文化の中心地だけあって、みどころやグルメも満載。
周辺の個性豊かな温泉地も魅力です。

仙台へはどうやって行く？

東京からは新幹線で約1時間30分 北海道や九州、関西からは飛行機

東京からは全席指定のJR東北新幹線「はやぶさ」で仙台駅へ向かうのがおすすめ。関西や九州、北海道など各地からは飛行機で仙台空港へ向かいましょう。仙台空港からは仙台空港鉄道に乗り、25分で仙台駅に到着。各地から昼行・夜行の高速バスもあり、上手に利用すれば割安です（☞P120）。

交通の起点は仙台駅

仙台観光どのくらいかかる？

タウンの中心は駅から1.5km圏内 みどころへは駅からバスで移動

タウン散策半日、みどころ観光半日で、1日あればゆったり観光が楽しめます。ショップやカフェが集まる仙台タウンの中心は、駅から1.5km圏内に集まり、徒歩で回れます。伊達政宗ゆかりの歴史スポットは、駅から離れているので、るーぷる仙台（☞P122）で巡るなど、バスを利用すると便利です。

定禅寺通（☞P26）にはおしゃれなショップやカフェなどが並ぶ

初めての仙台で訪れたいのは？

政宗ゆかりの仙台城跡・瑞鳳殿、定禅寺通やアーケード街もぜひ

伊達政宗が築いた仙台城跡（☞P20）や伊達家の三藩主が眠る瑞鳳殿（☞P24）がみどころの中心。仙台城跡には伊達政宗公騎馬像があり、「奥州・仙台おもてなし集団 伊達武将隊」（☞P20）が出陣することもあります。定禅寺通（☞P26）やアーケード街（☞P33）などの散策も外せません。

瑞鳳殿（☞P24）
霊廟の見事な彫刻

仙台グルメのおすすめは?

肉厚の牛たん焼きは必食!
寿司やずんだも外せません

名物の肉厚牛たんは、スタンダードな牛たん焼き(☞P48)のほか、ちょっと変わったアレンジメニュー(☞P50)もチェック。海が近い仙台ならではの新鮮な海の幸は、握り寿司や海鮮丼(☞P54)で楽しめます。ずんだスイーツはカフェや甘味処でゆっくり味わいましょう(☞P60)。

旨味太助(☞P48)の牛たん焼き

仙台の買い物スポットは?

定禅寺通やアーケード街、
駅前に新旧の店が揃います

仙台駅から一番町まで続くアーケード街は老舗から新店まで大小さまざまなショップが並んでいます。買い物の人気スポット・定禅寺通にはハイセンスな雑貨店やおしゃれなカフェなどが集まっています。のんびり散策を楽しみながら、お気に入りのショップを探しに行ってみましょう。

東北スタンダードマーケット(☞P34)には東北みやげが揃う

定禅寺通は中央にケヤキ並木があり、散策だけでも楽しめるスポット

おみやげは何がいい?

牛たん、笹かま、ずんだは定番
自分みやげに、こけしもおすすめ

グルメみやげを買うなら仙台駅ナカ(☞P38)が便利。萩の月などの銘菓はもちろん、牛たんや笹かま、ずんだなど定番みやげがずらりと揃っています。東北らしいおみやげならかわいいこけしグッズ(☞P36)や、メイドイン宮城の伝統工芸品やアーティスト作品(☞P34)がおすすめ。自分用みやげも忘れずに。

アーケード街内にある、しまぬき本店(☞P36)では、職人手作りのこけしから、日常使いできるかわいいアイテムまで勢揃い

仙台＋もう一日でどこへ?

島々が美しい日本三景の松島や世界遺産の平泉を訪ねましょう

仙台から電車で約40分の松島ではその眺めを堪能するクルーズ（☞P72）を体験。伊達家ゆかりの寺院など町歩きも楽しみましょう（☞P74）。平泉へは仙台から新幹線と在来線で約1時間。世界遺産巡りには巡回バスを上手に利用して（☞P102）。松島と平泉両方を楽しむなら+2日が必要。

クルーズも散策も楽しめる松島(☞P70)

松島にある伊達家の菩提寺・瑞巌寺(☞P74)

世界遺産の毛越寺の庭園(☞P106)

作並温泉のゆづくしSalon一の坊の広瀬川源流露天風呂(☞P88)

仙台周辺のおすすめの温泉は?

歴史ある名湯の秋保・作並・鳴子の温泉情緒もステキです

仙台の人気温泉地・秋保温泉（☞P84）、作並温泉（☞P88）は、歴史ある湯宿が立ち並ぶ名湯。どちらも仙台駅からバスや電車で1時間程度でアクセスできます。豊富な湯量と泉質を誇る鳴子温泉郷（☞P94）もおすすめ。風情ある温泉街で立ち寄り湯やこけしの絵付け体験などが楽しめます。

仙台・松島・平泉ってこんなところ

東北を代表する大都市・仙台をはじめ、日本三景の松島や世界文化遺産の平泉など、自然や歴史的みどころが多数。名湯や郷土料理も楽しめるエリアです。

観光のみどころ6つのエリア

美しい街路樹が整備され、「杜の都」とよばれる仙台タウンには、初代仙台藩主・伊達政宗ゆかりの地が点在。牛たん焼きやずんだスイーツなどの仙台グルメはぜひ食したい。日本三景のひとつに数えられ、俳人・松尾芭蕉が訪れた松島は仙台駅から電車で45分ほど。仙台市郊外にある秋保温泉やこけしの里・鳴子温泉郷など、名湯の宝庫でもある。少し距離はあるが、世界遺産に登録された平泉へも日帰り可能だ。

プランニングは鉄道にバスを上手に組み合わせて

仙台市内の観光は、循環バス「るーぷる仙台」(☞P122)と地下鉄を使うと便利。両方が乗り放題になる一日乗車券があり、主要な観光地でチケットを提示すると入場料が割引きになることもあるので確認を。

仙台アクセスMap

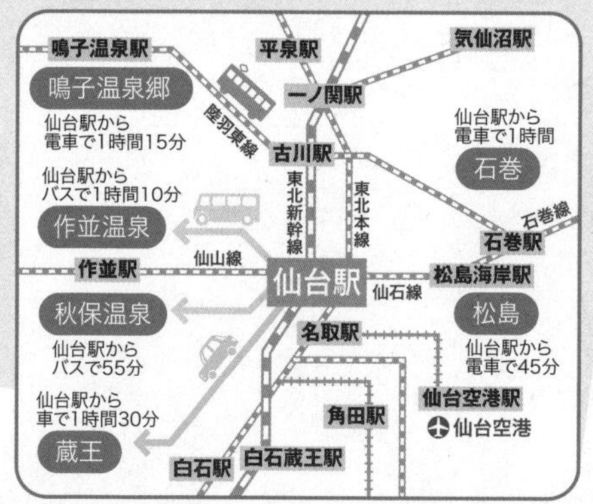

せんだいたうん 仙台タウン 1

・・・P18

仙台駅を中心に、徒歩やバスで回れる場所に観光地が点在し、史跡巡りや町歩きが楽しめる。駅周辺には東北の伝統工芸品が集まる雑貨店や飲食店がある。

❶おしゃれストリートの定禅寺通(☞P26) ❷仙台城跡(☞P20)には伊達政宗にあやかるみやげの販売もある ❸仙台名物・牛たん焼き(☞P48)は外せない

まつしま しおがま 松島・塩竈 2

・・・P70

日本三景のひとつ松島では、観光クルーズで絶景を楽しんで。伊達家ゆかりの瑞巌寺も必見。陸奥国一宮として歴史ある鹽竈神社の門前町として栄えた塩竈は、東北有数の漁港・塩釜港を中心とした港町。寿司はもちろん、地元の藻塩を使用したスイーツにも注目!

❶松島湾クルージング(☞P72)は定期的に出ているので予約なしでもOK ❷長い石段を登った先にある鹽竈神社(☞P80)への参拝は忘れずに ❸港町ならではの塩竈の寿司(☞P82)は必食

ひらいずみ 平泉 6

・・・P102

2011年に世界遺産に登録された平泉。町に点在する世界遺産の寺社や史跡は、半日で十分楽しめる。工芸品やグルメを楽しみながら散策を。

❶仏の世界を再現した庭園が有名な毛越寺(☞P106)から散策スタート ❷ランチ(☞P108)は伝統料理もカフェもあり

ひと足のばして

やまでら
山寺
約1000段の石段を登って参拝を

・・・P90

山形県にある山寺こと宝珠山立石寺は、松島の瑞巌寺、平泉の中尊寺と毛越寺と並ぶみちのくの名刹。

ざおう
蔵王
天気によって色を変える御釜

・・・P92

宮城県と山形県にまたがる蔵王連峰は、人気のドライブコース。豊かな自然と硫黄の香りのする御釜へ。

いしのまき
石巻
憧れのヒーローが勢揃いする萬画館

・・・P98

マンガ家・石ノ森章太郎の萬画館がある。港町だけあり、新鮮な魚介を使ったみやげ品を豊富に展開。

あきうおんせん
秋保温泉 3

・・・P84

伊達家の御殿湯があった温泉地。仙台市街から車で30分程度でアクセスできるので、観光の拠点にもいい。

▲深い緑に囲まれた仙台の温泉地

さくなみおんせん
作並温泉 4

・・・P88

秋保温泉と並ぶ、仙台の人気温泉地。広瀬川を望める宿が多く、川のせせらぎを聞きながら温泉を楽しめる。

▲渓流に臨む露天風呂は最高の贅沢

なるこおんせんきょう
鳴子温泉郷 5

・・・P94

鳴子、東鳴子、川渡、中山平、鬼首の5つの温泉地からなる温泉郷。共同浴場や足湯などもある。

▲無料の足湯や手湯でリラックス

1日目

出発ー！

10:30 仙台駅

仙台駅に到着したら荷物を預けて、駅からるーぷる仙台（☞P122）に乗車。

彫刻がキレイです

10:40 瑞鳳殿

まずは高い杉木立に囲まれた、伊達政宗が眠る荘厳な霊廟に参拝しよう（☞P24）。

11:30 仙台城跡

仙台市内を一望できる本丸跡には、伊達政宗公騎馬像（☞P20）がお出迎え！

12:30 中国美点菜 彩華

ランチは国分町で仙台発祥といわれる冷やし中華（☞P56）を楽しんで。

14:00 定禅寺通（じょうぜんじどおり）

通り沿いにある、眺めのいいカフェやおしゃれなショップを巡ろう（☞P26）。

15:30 甘味処 彦いち

定禅寺通から仙台駅に向かう途中で、づんだ餅を堪能（☞P61）してホテルへ。

18:00 牛たん炭焼利久 西口本店

1日目の夕飯は、肉厚&ジューシーな仙台名物・牛たん焼きに決まり（☞P49）！

19:30 BAR Andy（ばー あんでぃ）

夕食後はおしゃれなバーに行くのもおすすめ（☞P67）。大人な夜のひとときを。

おやすみ…

21:00 ウェスティンホテル仙台

仙台市街を一望できるラグジュアリーホテルに戻って仙台の1日目終了（☞P44）。

2日目

10:00 仙台から塩竈（しおがま）へ

仙台駅からJR仙石線で本塩釜駅へ。駅から鹽竈神社までのんびり町歩き。

10:30 鹽竈（しおがま）神社

陸奥国一之宮として1200年以上の歴史を誇る神社。境内から海を見渡そう（☞P80）。

11:30 すし哲

塩竈名物・寿司を堪能（☞P82）。午後は本塩釜駅からJR仙石線で松島海岸駅へ。

2泊3日でとっておきの仙台 松島 平泉の旅

仙台を拠点に、世界遺産の平泉や日本三景の松島を巡る
2泊3日の欲張りプラン！最終日の仙台駅では、
おみやげやグルメも出発間際まで満喫しましょう。

日本三景のひとつ

13:00 松島湾クルージング

遊覧船に乗って松島湾を一周。絶景の島々を間近で眺めよう（☞P72）。

14:00 円通院（えんつういん）

伊達家ゆかりの寺院で数珠作り体験。縁結びの寺としても話題（☞P74）。

15:00 瑞巌寺（ずいがんじ）

伊達家ゆかりの寺・瑞巌寺（☞P74）は松島の象徴。豪華絢爛な本堂内も必見。

15:30 松島蒲鉾本舗 総本店

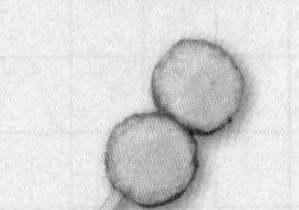

松島散策のおともに、揚げたての豆腐かまぼこをゲット。ふわふわ食感が絶妙（☞P75）。

17:00 小松館 好風亭（こまつかん こうふうてい）

天然温泉から松島湾を一望できる贅沢ステイ（☞P78）。夕食の海鮮も楽しみ。

3日目

11:00 平泉駅

平泉観光の起点。観光スポットは巡回バス「るんるん」（☞P102）で巡ると便利。

11:10 毛越寺（もうつうじ）

仏の世界を表現した浄土庭園のある毛越寺（☞P106）をゆっくり散策。

きになるお休み処

12:20 夢乃風

平泉でのランチは、さまざまな味の餅料理が並ぶお膳をいただきます（☞P109）。

荘厳な姿に感動！

13:30 中尊寺（ちゅうそんじ）

きらびやかな金色堂は必見！大木が連なる趣ある参道を進もう（☞P104）。

15:40 翁知屋（おおちや）

秀衡塗（ひでひらぬり）の老舗で、モダンアレンジの工芸品をみやげに（☞P110）。

16:30 平泉から仙台へ

一度仙台駅で途中下車。駅構内で最後にみやげ探しをするものおすすめ（☞P38）。

到着ー！

17:30 仙台駅

仙台駅の在来線中央改札近くには駅弁がずらり。好きなものをチョイス（☞P40）。

仙台から ひと足のばして！

3泊4日なら秋保（あきう）や鳴子（なるこ）温泉郷も楽しめます

料理自慢の宿が揃う 秋保温泉

仙台市郊外にあり、多くの大型旅館が立ち並びます。宮城の新鮮な食材を使用した、料理自慢の宿が多いのが特徴です（☞P84）。

多様な泉質が湧く 鳴子温泉郷

源泉の数が400本近くにも及ぶ東北屈指の湯の町。昔ながらの湯治宿も多く、懐かしい雰囲気に浸りながら楽しめます（☞P94）。

ココミル cocomiru

仙台 松島 平泉

Contents

●表紙写真
しまぬき本店（☞P36）のこけし缶、甘味処 彦いち（☞P61）の白玉クリームあんみつ、瑞鳳殿（☞P24）、松島島巡り観光船（☞P72）、仙台城跡（☞P20）の伊達政宗公騎馬像、すし哲（☞P82）のにぎり「しおがま」、仙台七夕まつり（☞P32）、中尊寺（☞P104）、SENDAI光のページェント（☞P33）、仙台うみの杜水族館（☞P28）

〈マーク〉
観光みどころ・寺社
プレイスポット
レストラン・食事処
カフェ・喫茶
居酒屋・BAR
みやげ店・ショップ
宿泊施設
立ち寄り湯

〈DATAマーク〉
☎ 電話番号
住 住所
¥ 料金
開館・営業時間
休 休み
交 交通
P 駐車場
室 室数
MAP 地図位置

政宗公にご挨拶

政宗公が眠る美しい廟も訪ねて

おしゃれな雑貨店がたくさん

仙台に来たなら牛たん焼きは必食

ずんだスイーツは外せない

伝統工芸品を現代風にアレンジ

定禅寺通は必訪スポット

愛らしいこけしもいっぱい

まずは伊達政宗が築いた美しい杜の都を巡りましょう

戦国時代から江戸時代にかけて活躍した武将・伊達政宗。初代仙台藩主となった彼は、町を見下ろす青葉山に城を構え、のちに〝仙台100万石〟とよばれる仙台の礎を築きました。東北一の覇者が愛した美しい杜の都で、町巡りを楽しみましょう。

ホッとできるカフェも点在

お酒を楽しめる店もたくさん

これしよう！

伊達政宗ゆかりの史跡は必見！

伊達政宗が築いた仙台城跡（☞P20）や三代藩主が眠る瑞鳳殿（☞P24）は必訪。

仙台タウンはココにあります！

access

電車

仙台駅	
↓地下鉄東西線2分	↓地下鉄南北線1分
青葉通一番町	広瀬通
↓地下鉄東西線3分	↓地下鉄南北線2分
国際センター	勾当台公園
↓地下鉄東西線7分	
八木山動物公園	

問合せ
☎022-268-9568(仙台観光国際協会)
MAP P112-113

これしよう！

緑の並木道は杜の都のシンボル

仙台を象徴する約700mのケヤキ並木・定禅寺通には、新旧さまざまな店が軒を連ねる。

市内の観光は「るーぷる仙台」を活用

仙台駅西口バスターミナルを起点に、瑞鳳殿や仙台城跡などの主な観光地を循環。20分間隔で運行している(☞P122)。
☎022-222-2256
(仙台市交通局案内センター) ¥1回乗車260円、一日乗車券630円

仙台街角案内所で情報を入手

仙台市内の商店や施設がボランティアで運営する私設の観光案内所。パンフレットの設置や、地元の人ならではの観光ガイドを行っている。しまぬき本店（☞P36）や阿部蒲鉾店本店（☞P43）など17カ所。
☎022-268-9568
(仙台観光国際協会)

仙台 街角案内所

「手ぶら観光サービス」で楽チン観光

手荷物を仙台駅から指定ホテルに配達してくれるサービス。受付場所は、仙台駅2階、エスパル仙台 本館地下1階、仙台国際空港2階の3カ所。上手に利用して快適な旅行を楽しもう。
☎0120-01-9625（ヤマト運輸）
¥824円～（サイズ・重さにより異なる）

「杜の都」として知られる東北一の大都市

仙台タウン

せんだいたうん

ずんだなどの仙台グルメも忘れずに

こんなところ

江戸時代に藩主・伊達政宗（だてまさむね）によって築かれた城下町・仙台は、「杜の都」として知られる緑に囲まれた美しい町。東北の文化や商業の中心地でもあり、東北の「いいもの」が集まっている。伊達家ゆかりの史跡巡りや、牛たん焼きやずんだといった名物グルメも魅力だ。

～仙台タウン　はやわかりMAP～

仙台タウン おすすめコース

おすすめコースはぐるっと回って
4時間

レトロな車体の「るーぷる仙台」を使って、市内の名所を一周。各名所での観光はもちろん、車窓からの景色も必見。定禅寺通では、みやげ選びやカフェでひと休みもしたい。

スタート 仙台駅 ▶バス13分 → 1 瑞鳳殿（見学）▶バス5分 → 2 仙台市博物館（見学）▶徒歩15分 → 3 仙台城跡（見学）▶徒歩20分 → 4 宮城県美術館（見学）▶バス20分 → 5 定禅寺通（見学）▶徒歩20分 → ゴール 仙台駅

※仙台市博物館は2024年4月、宮城県美術館は2025年度中に再開予定。

仙台城跡からの見事な眺望 政宗公騎馬像が立つ天守台へ

見学所要 45分

仙台城跡は仙台市街地の西方、青葉山丘陵に位置する国指定史跡。
仙台駅からの距離は2kmほどなので、るーぷる仙台などのバスを使うと便利です。

▲本丸には伊達政宗公騎馬像がある。記念撮影スポットとして人気

せんだいじょうあと

仙台城跡

伊達政宗が築いた戦国の名城

政宗の命により築城された仙台城は慶長7年(1602)に完成した。当初は急峻な地形を利用した本丸を中心とする山城だったが、二代忠宗の時代、山麓に二の丸を整備。青葉城ともよばれ親しまれているが、城郭の建物はほとんどが失われている。現在、二の丸跡が東北大学、東丸(三の丸)跡が仙台市博物館(☞P22)になっている。

☎022-222-0218(青葉城本丸会館) 住仙台市青葉区天守台青葉城址 ¥見学自由(青葉城資料展示館は別途) 交JR仙台駅からるーぷる仙台で22分、仙台城跡下車すぐ P150台(有料) MAP P112 B4

人気の武将隊に会えるかも!?

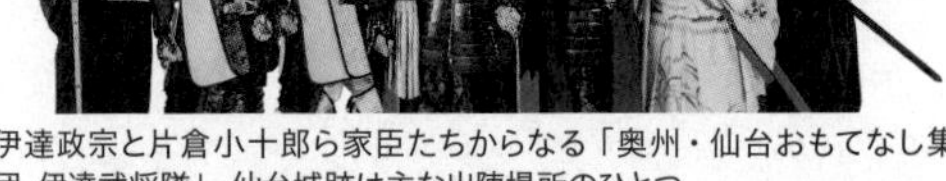

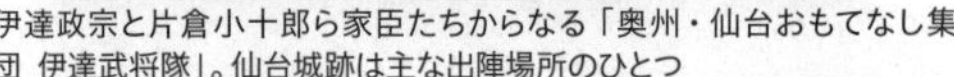

伊達政宗と片倉小十郎ら家臣たちからなる「奥州・仙台おもてなし集団 伊達武将隊」。仙台城跡は主な出陣場所のひとつ

▲天守台ともよばれる本丸跡からは仙台市内を一望

仙台城跡のみどころをご案内

大通り沿いの総白壁作りの豪壮な櫓

VRで再現される当時の町並み

約400年前の仙台城をVRで体感できる。イヤホンガイドを聞きながら史跡コースを歩き、再現された仙台城本丸の様子を見ることができる。¥800円

お城の歴史を学びましょう

せんだいじょうけんぶんかん

仙台城見聞館

本丸大広間に関連した展示のほか、仙台城の歴史や発掘調査成果などを紹介。¥入場無料 ⌚9～17時 休無休

おおてもんあと・わきやぐら

大手門跡・脇櫓

国宝に指定されていたが、昭和20年（1945）の仙台空襲で焼失。脇櫓のみ昭和42年（1967）に再建された。

仙台城跡マップ

青葉通・仙台駅へ / 広瀬川 / 0 200m / 徒歩約3分 / 青葉城資料展示館 / 青葉城フードコート / 伊達の牛たん本舗 青葉城店 / 仙台国際センター / 長沼 / P.22 仙台市博物館 / 伊達政宗公騎馬像 / 本丸跡 / 青葉山公園 五色沼 / 国際センター駅・宮城県美術館へ / 東丸（三の丸）跡 / 本丸北壁石垣 / 仙台城跡 / 青葉城本丸会館 / 脇櫓 / 二の丸跡 / 大手門跡 / 登城路 / 仙台城見聞館 / 宮城縣護國神社 / 瑞鳳殿・仙台駅へ

仙台城をデジタル映像で再現！

あおばじょうしりょうてんじかん

青葉城資料展示館

仙台城などを再現したCGシアター、甲冑や刀剣、書状を展示。¥入館700円 ⌚9～16時（季節により異なる）休無休

ほんまるきたかべいしがき

本丸北壁石垣

山城のため比較的石垣は少ないが、修復された本丸北壁石垣は最大約17mの高さがある。

優雅な曲線を描く伊達な石垣です

明治時代創建の神社です

みやぎけんごこくじんじゃ

宮城縣護國神社

宮城県出身者を中心に明治維新以降の戦争に散った御霊を祭る神社。ご来光を拝める初詣スポットとしても人気。

仙台城跡でご当地グルメ いただきます！

仙台城跡の見学と一緒に、牛たんやはらこめしなど、仙台・宮城の味覚も楽しもう!

あおばじょうふーどこーと

青葉城フードコート

青葉城本丸会館内にあり、牛たん丼やずんだ餅などを販売。写真はサケとイクラがのった「宮城名物はらこめし」2000円。

☎022-222-0218 ⌚10～16時（季節により異なる）休無休 MAP P112B4

だてのぎゅうたんほんぽ あおばじょうてん

伊達の牛たん本舗 青葉城店

仙台市内に7店舗ある牛たんの人気店。牛たん定食2360円は塩、味噌、塩・味噌ミックスから選べる。

☎022-223-4715 ⌚レストランは11～16時（季節により変更あり）休無休 MAP P112B4

本丸跡にある伊達政宗公騎馬像は、日没～23時までライトアップされます。市内の夜景とセットで楽しみましょう。

仙台城跡内にある博物館で仙台の武将・伊達政宗を知る

伊達政宗のことをもっと詳しく知りたいなら、仙台市博物館へ。伊達家ゆかりの資料を見ながら、仙台藩の歴史に思いを馳せよう。

1 常設展内には国内の動きと世界の動きが一度にわかる年表が 2 鉄板の表面に黒漆が施された政宗所用の鎧兜「黒漆五枚胴具足(くろうるしごまいどうぐそく)」 3 ローマ市議会が支倉常長(はせくらつねなが)に授与したローマ市公民権証書(国宝・ユネスコ記憶遺産) 4 仙台城跡本丸跡にある政宗公騎馬像から徒歩15分ほど

せんだいしはくぶつかん

仙台市博物館

見学所要 1時間

仙台藩ゆかりの貴重な資料を展示

仙台城東丸(三の丸)跡にある博物館。伊達家からの寄贈資料や、仙台の歴史、文化、美術工芸の資料など約10万点を収蔵している。季節ごとに展示内容が変わる常設展のほか、企画展、ミュージアムショップ、レストランなどがある。

☎022-225-3074 住仙台市青葉区川内26 ¥入館460円(特別展は別途) ⏰9時～16時45分(最終入館は16時15分) 休月曜(祝日の場合は開館)、祝日の翌日(土・日曜、祝日の場合は開館) 交地下鉄東西線国際センター駅から徒歩8分 P50台 MAP P112B3

オリジナルグッズもチェック

みゅーじあむしょっぷ

ミュージアムショップ

博物館の展示品などにちなんだオリジナルのグッズも充実。風呂敷やハンカチ、トートバッグなど、特別な人へのギフトにも、自分用にもおすすめ。休館中はせんだいメディアテーク(☞P27)1階「KANEIRI Museum Shop 6」で販売している。

▶A4判クリアファイル(政宗よろい)360円

1 ローマ市公民権証書をデザインしたトートバッグ1100円 2 伊達家ゆかりの水玉模様陣羽織をデザインしたハンカチ950円

※2024年3月末まで休館予定、展示内容などは要確認

仙台の礎を築いた伊達政宗ってどんな人？

仙台のあらゆるところで目にする"伊達政宗"の名前。仙台市民に愛される伊達政宗とは一体どんな人なのでしょうか？

伊達政宗を知るための3つのQ&A

Q 政宗のプロフィールは？

A 初代仙台藩主で東北随一の武将。独眼竜として広く知られています。

伊達政宗は永禄10年（1567）、戦国時代に誕生。幼名は梵天丸。幼少期に疱瘡で片目を失明したが、苦難を乗り越え、18歳で伊達家当主となった。若くして頭角を現した政宗は積極的に領地を広げ、南東北の覇者となり、後世、独眼竜の異名を得た。慶長5年（1600）の関ヶ原の戦いに際して、徳川家康に味方した政宗は、仙台藩62万石を確立させることになる。その後、仙台の町づくりや、新田の開墾事業に力を注ぎ、実高100万石といわれる仙台藩発展の礎を築いた。寛永13年（1636）、70歳で死去。政宗の遺言に従って経ヶ峯に葬られ、瑞鳳殿（☞P24）が建設された。

▲伊達政宗画像／狩野安信筆（仙台市博物館蔵）。政宗が晩年詠んだ詩が記されている

Q 政宗が造営した仙台城とは？

A 守りを固めた山城で、大広間は上方から職人を招いて造らせました。

慶長6年（1601）城造りに着手。川と山に囲まれた青葉山に城を構えた。天守閣はなく、本丸の中心は千畳敷ともよばれた広さ約215坪の大広間。壁や襖は京都の絵師が描いた桃山風の絵で彩られていた。東の崖には懸造とよばれる京都の清水寺本堂のような建物も建てた。現在それらの建物は残っていないが、本丸大広間は華麗な装飾を施した贅沢な設えだった。城域から金箔に覆われた瓦や、ヨーロッパ製のガラス片も見つかっている。また、政宗は土地の名前を千代から、仙人の住む場所という意味の仙台に改名。唐代の漢詩の句「仙台初見五城楼」からとったといわれる。

▲仙台市博物館で見られる仙台城の推定復元模型（部分）

Q 有名な慶長遣欧使節団とは？

A 政宗がスペイン領メキシコとの交易などのために派遣した外交使節団です。

支倉常長が使節（大使）を務めた慶長遣欧使節団は、幕府公認のもので、慶長18年（1613）に月浦（現・石巻市）から出港。スペイン領メキシコとの貿易などを交渉するための派遣だった。元和元年（1615）には、スペイン国王と対面。政宗の書状を渡し、国王列席のもと洗礼を受けた。ローマ教皇にも面会し、パレードが催されるなど熱烈な歓迎を受け、ローマの市民権を授与され貴族に列せられたが、日本国内でキリスト教の禁教令が発布されたこともあり、貿易交渉は失敗。常長は元和6年(1620)に帰国。常長が持ち帰った品々は、後にキリシタン関係資料として藩に没収された。

▲国宝の支倉常長像（仙台市博物館蔵）。ユネスコ記憶遺産にも登録されている

杉木立に囲まれた厳かな霊屋 政宗が眠る瑞鳳殿をお参り

観覧所要 45分

青葉山のふもとに位置する経ヶ峯(きょうがみね)の、静かな森の中に眠る伊達家の三藩主。意匠を凝らした桃山文化の風情を伝える豪華絢爛な廟(たまや)をお参りしましょう。

▲瑞鳳殿までは広々とした石段の参道が続く

▶桜や紅葉の時期は特に美しい

ずいほうでん

瑞鳳殿

三藩主が眠る豪華絢爛な廟

寛永14年(1637)に造営された仙台藩祖・伊達政宗の霊屋。一帯は経ヶ峯伊達家墓所とよばれ、仙台市の史跡に指定。政宗のほか、2代忠宗、3代綱宗などの藩主や、5代以降の妻子らが祭られている。昭和6年(1931)に国宝に指定されたが、昭和20年(1945)の仙台空襲ですべての霊屋を焼失。昭和54年(1979)から当時の資料に基づき順次再建、豪華絢爛な姿を取り戻している。

☎022-262-6250 住仙台市青葉区霊屋下23-2 ¥観覧570円 ⏰9時〜16時50分(12〜1月は〜16時20分。最終入場は各20分前) 休無休 交JR仙台駅からるーぷる仙台で13分、瑞鳳殿前下車、徒歩7分 P30台 MAP P113C4

瑞鳳殿境内図

③瑞鳳殿
戊辰戦争弔魂碑
涅槃門
⑥善応殿
⑤感仙殿
資料館④
妙雲界廟
①参道
②観覧券売場/売店(ミュージアムショップ)
出口
入口
西南戦争弔魂碑
瑞鳳寺
御子様御廟
瑞鳳殿前へ

瑞鳳殿一帯を回ってみましょう！

1 参道（さんどう）

藩政時代から続く石造りの階段。周囲は杉の巨木が立ち並び、樹齢400年近いものもある。

▲参道は霊屋を巡るように結ばれている

四季折々の行事も行きたい

仙台七夕まつり（☞P32）に合わせたライトアップや、秋の「紅葉めぐり」、12月の「煤払い」など、季節の行事を開催。瑞鳳殿の公式サイトで予定を確認してから訪れるのもいい。

徒歩3分

2 ミュージアムショップ（みゅーじあむしょっぷ）

観覧券売場脇にあり、観覧券がなくても立ち寄れる。オリジナルグッズなどを販売。

▶ブロックメモ 380円

▶一筆箋 330円

徒歩2分

3 瑞鳳殿（ずいほうでん）

昭和54年（1979）に再建され、2001年にはさらに獅子頭彫刻などを復元。焼失前の姿を取り戻した。

参拝の後は色彩豊かな彫刻を見学しましょう

◀伊達政宗が眠る荘厳な霊屋

徒歩すぐ

4 資料館（しりょうかん）

霊屋再建時に行われた発掘調査で発見された武具などの副葬品の一部が展示されている。

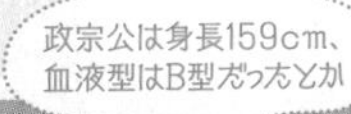

▲遺骨をもとに復元した伊達政宗の復顔像も見られる

徒歩4分

5 感仙殿（かんせんでん）

2代藩主・忠宗の霊屋で、瑞鳳殿とともに国宝に指定されていた。昭和60年（1985）の再建。

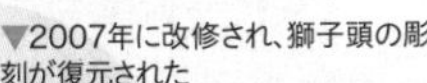
▼2007年に改修され、獅子頭の彫刻が復元された

徒歩すぐ

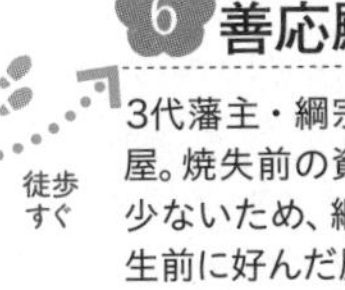

6 善応殿（ぜんのうでん）

3代藩主・綱宗の霊屋。焼失前の資料が少ないため、綱宗が生前に好んだ鳳凰と牡丹を取り入れ再建。

▲感仙殿の再建と同時に造営された

参拝の前後に立ち寄りましょう

BABEL858（ばべるはちごーはち）

おしゃれなベーカリー

重厚感のある外観、アンティーク調のインテリアが目を引く。イートインスペースもある。

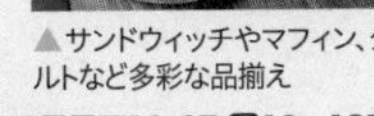
▲サンドウィッチやマフィン、タルトなど多彩な品揃え

☎022-208-3892 住仙台市青葉区霊屋下10-27 ⏰10～18時（売り切れ次第終了）休月曜（祝日の場合は翌日）交バス停瑞鳳殿から徒歩2分 P4台 MAP P112C4

レストラン パリンカ（れすとらん ぱりんか）

本格イタリア料理を堪能

ランチはパスタメインのピッコロコース2200円などから選べる。☎022-213-7654

▶生うにのスパゲティ2000円は濃厚な風味を感じるスペシャルな一皿

住仙台市青葉区霊屋下19-8 ⏰11時30分～14時LO、18時～20時30分LO(日曜は～20時LO) 休月・火曜終日、水曜の夜 交バス停瑞鳳殿前からすぐ P4台 MAP P112C4

瑞鳳殿は約90段の石畳の階段や、舗装されていない箇所などもあるので、履きなれた靴で訪れることをおすすめします。

杜の都のシンボルストリート 定禅寺通でおしゃれ気分を満喫

ケヤキ並木の中央に700mの散策路が続く定禅寺通は、杜の都を代表するストリート。カフェや雑貨店など、こだわりのおしゃれショップを巡ってみましょう。

かき氷 梵くら

かきごおり ぼんくら

自家製シロップがヤミツキ

手作りにこだわるかき氷の専門店。シロップはもちろん、あんこや練乳もすべて手作り。大きめサイズのかき氷をおやつに楽しもう。

☎022-346-9027 住仙台市青葉区立町23-14スクエアビル3階 ⏰11時～シロップがなくなり次第終了（変動あり）休月曜（祝日の場合は翌日）交地下鉄南北線勾当台公園駅から徒歩8分 Pなし MAP P112C2

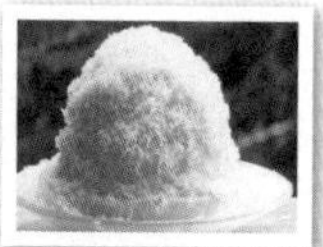
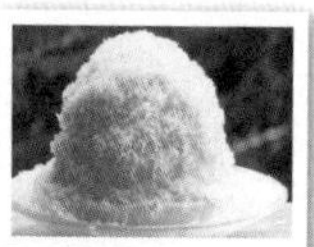
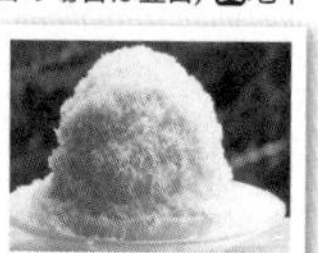
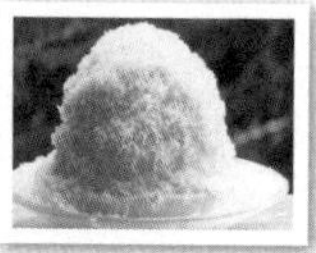

▶パンプ金時みるくフロマージュ3680円が人気商品

▲棚に並ぶ本は自由に読める。コーヒーと一緒に楽しもう ◀ジャズなどが流れる落ち着いた空間

2 SENDAI KOFFEE CO.

せんだい こーひー

居心地のいい大人カフェ

地元の人にも長年愛され続けているカフェ。自由でありつつ、オーセンティックな店内では、ドリンクのほかフードやスイーツも用意。

☎022-224-7403 住仙台市青葉区春日町4-25バストラルハイム春日町1階 ⏰12～18時 休無休 交地下鉄南北線勾当台公園駅から徒歩10分 P1台 MAP P112C2

国道48号へ
西公園通
2 SENDAI KOFFEE CO.
せんだいメディアテーク
ギャラリー杜間道 3 4 5 和菓子まめいち
定禅寺通
晩翠通
1 かき氷梵くら
瑞鳳殿へ

▲ケヤキ並木が映える白い外観

3 ギャラリー杜間道

ぎゃらりーとうげんどう

長く使えるデザインを厳選

ギャラリーでは絵画や工芸品の企画展を開催。ショップでは国内作家が手がけた陶器や家具、絵画などを展示販売している。

☎022-224-7066 住仙台市青葉区春日町2-8 1階 ¥入館無料 ⏰11時30分～18時 休不定休 交地下鉄南北線勾当台公園駅から徒歩6分 Pなし MAP P112C2

▶ショップには雑貨や食器などが揃っている

5 和菓子まめいち

わがしまめいち

店主の想いが詰まった和菓子

季節を自在に表現する手作りの菓子は、自然の甘さを楽しめると評判。華やかな見た目の和菓子は、ギフトにもおすすめ。創作和菓子や寒天パフェを味わえる喫茶コーナーもある。

☎022-302-4720 住仙台市青葉区春日町1-5 SKビル定禅寺2階A ⏰10～17時(喫茶は10時～16時30分LO) 休木曜 交地下鉄南北線勾当台公園駅から徒歩5分 Pなし MAP P112C2

▲和菓子に合う「まめいちブレンド」100g 648円も販売

▶持ち帰りの創作菓子はひと月ごとに内容が変わる ▼2023年5月、本町から定禅寺通に移転した

▼建築家・伊東豊雄（いとうとよお）が手がけた建物

4 せんだいメディアテーク

せんだいめでぃあてーく

並木を映すガラス張りの建物

図書館やカフェ、ミュージアムショップなどが集まったカルチャーステーション。ギャラリーでは、アート関連のイベントや展覧会などが行われている。館内からの眺めもいい。

☎022-713-3171 住仙台市青葉区春日町2-1 ¥入館無料 ⏰9～22時（カフェは10～21時LO、ミュージアムショップは10～20時）休第4木曜（各フロアにより異なる）交地下鉄南北線勾当台公園駅から徒歩5分 P64台（有料）MAP P112C2

東北の工芸品などが集まるショップ（上）と、ランチもできるカフェ（下）

7 カフェド ギャルソン

かふぇど ぎゃるそん

店主こだわりのコーヒーが味わえる

やわらかな口当たりのロアブレンドと、濃いめのケアブレンド各650円のこだわりコーヒーが楽しめる。レアチーズやくるみバナナなどの自家製ケーキは各600円。ブレイクにぜひ。

☎022-224-5783 住仙台市青葉区国分町3-2-2及川ビル2階 ⏰11時30分～19時 休木曜 交地下鉄南北線勾当台公園駅から徒歩2分 Pなし MAP P114A1

▲窓際の席からは定禅寺通が眺められる

◀くるみバナナはしっとりとした食感が魅力

ガネッシュティールーム 6　7 カフェド ギャルソン　8 Pâtisseries Glaces Kisetsu

定禅寺通　国道4号　仙台三越　JR仙台駅へ

6 ガネッシュティールーム

がねっしゅてぃーるーむ

並木を眺めながらティータイム

紅茶メーカーの直営店。茶葉はインドのコルカタの紅茶オークションで競り落としたものを使用している。ストレートティー715円～など茶葉に合わせた飲み方で提供。季節の紅茶やアレンジティーなど多彩な紅茶を楽しめる。

☎022-263-2467 住仙台市青葉区国分町3-3-3第3菊水ビル2階 ⏰11～20時 休無休 交地下鉄南北線勾当台公園駅から徒歩3分 Pなし MAP P114A1

▲紅茶とケーキが付くスペシャルティー ケーキセット1485円

◀目の前に定禅寺通を眺められる

8 Pâtisseries Glaces Kisetsu

ぱてぃすりー ぐらす きせつ

エクレア&ジェラート専門店

フランスでパティシエの修業を積んだ店主が営む。商品のラインナップは、季節感や東北産の食材を盛り込んだものが中心。エクレア レモン400円などが人気。

☎022-302-6595 住仙台市青葉区本町3-2-4 ⏰11～18時 休月曜（祝日の場合は翌日、臨時休業あり）交地下鉄南北線勾当台公園駅から徒歩2分 Pなし MAP P113D2

▲ジェラート2種盛り450円（テイクアウト）。種類は日替わり

▶イートインスペースもある

SENDAI光のページェント（☞P33）や定禅寺ストリートジャズフェスティバル（☞P33）開催時は主会場となり、特に賑わいます。

仙台ならではの展示もみどころ！注目のカルチャースポットへ

三陸の海を表現した大水槽が人気の水族館と、東北最大規模のプラネタリウムがある天文台。どちらも知的好奇心をくすぐる展示が勢揃い！

いのちきらめくうみ
いのちきらめくうみ
幅14m、水深7.5mの大水槽は圧巻。約50種3万点の生きものが泳ぐ。

うみのもりびーち -ぺんぎん らいふ-
うみの杜ビーチ -PENGUIN LIFE-
ペンギンたちの姿を身近に感じられる。

1 好奇心旺盛なスナメリなど、多種多様な生きものの魅力を感じられる 2 ペンギンたちにごはんをあげられるプログラム「ペンギンフィーディングタイム」1杯300円など体験プログラムも充実 3 パフォーマンスは1日3～7回。トレーナーと息の合ったステージを繰り広げる 4 宮城県特産のマボヤが頭上に茂る幻想的な空間 5 2階「世界のうみ」では、ツメナシカワウソやイロワケイルカなどを展示

うみのもりすたじあむ
うみの杜スタジアム
イルカやアシカなどのダイナミックなパフォーマンスは1回約20分。

まぼやのもり
マボヤのもり
マボヤと魚たちを見上げながら楽しめる水槽。

見学所要 2時間

せんだいうみのもりすいぞくかん
仙台うみの杜水族館

三陸の海が広がる大水槽は必見

館内には約100基の水槽があり、国内外のさまざまな生きものを見られる。三陸の海や松島湾、広瀬川などをテーマにした展示や水槽は必見。東北最大級のイルカとアシカ、バードのパフォーマンス「STADIUM LIVE」は、ガラス面がなく直に見られて迫力満点。プログラムの開催回数や時間は季節によって異なるため、公式サイトで確認を。

☎022-355-2222 住仙台市宮城野区中野4-6 ¥入館2400円 ◷9時～17時30分（季節により変動あり）休無休 交JR仙台駅から仙石線で19分、中野栄駅下車、徒歩15分（中野栄駅からミヤコーバスも運行中）P800台 MAP折込裏D7

水族館見学後はコチラへ

わくわく おーしゃん
wakuwaku ocean
1階フードコートでは牛たんやサメ肉などを使った宮城ならではのグルメを味わえる。ソフトクリームやパフェなどスイーツも豊富。 
▶牛タンカレー1250円

うみもり しょっぷ
umimori shop
1階ミュージアムショップには公式キャラクター「ペンギンのモーリー」のグッズをはじめ、菓子や雑貨などオリジナル商品が並ぶ。

▶「ペンギンのモーリー」のぬいぐるみ(S)1223円

収蔵作品豊富な
みやぎけんびじゅつかん
宮城県美術館

宮城・東北にゆかりのある作品、カンディンスキーやクレーといった海外作家の作品など、約7300点を所蔵。改修工事のため休館中。2025年度中に再開予定。☎022-221-2111 MAP P112B2

がいかん
外観
豊かな緑に映える真っ白な建物。屋外には太陽系の惑星軌道をデザインした惑星広場も。

ひとみぼうえんきょう
ひとみ望遠鏡
口径1.3mと国内屈指の大きさを誇る。17等星ほどの暗い星までも観測できる。

1 宇宙・天文に関する最新情報を発信 2 3階にあるひとみ望遠鏡観測室では、毎週土曜夜に一般向けの天体観望会200円を開催 3 プラネタリウムは直径25mの水平型ドームで270席。2023年6月にリニューアルし、より高精細な映像で宇宙を体感できるように 4「太陽系」「銀河系」などのエリアに分かれた展示室。写真提供：仙台市天文台

ぷらねたりうむ
プラネタリウム
最先端のデジタル技術で迫力ある映像を投映。美しい星空を楽しめる。

てんじしつ
展示室
天文の世界をわかりやすく解説する展示物は必見。

見学所要 1〜2時間

せんだいしてんもんだい
仙台市天文台

宇宙を身近に感じられる天文台

最新鋭の設備を通して、宇宙について楽しく学べる。解説パネルや模型、CG映像、体験コーナーなどがある展示室、大人も子どもも楽しめる多彩なプログラムを用意するプラネタリウムなどが人気。プラネタリウムでは、スタッフによる生解説を楽しめるプログラムも行われているので公式サイトをチェックしてでかけよう。

☎022-391-1300 住仙台市青葉区錦ケ丘9-29-32 ¥展示室610円、プラネタリウム1回610円（展示室とプラネタリウム1回のセット券1000円）⏰9～17時（土曜は展示室以外～21時30分）休水曜・第3火曜（祝日の場合は翌日）交JR仙台駅から車で30分 P125台 MAP折込裏C7

天文台見学後はコチラへ

そらかふぇ
そらカフェ

1階オープンスペースにあり、団子やソフトクリーム、ドリンクなどオリジナリティあふれるメニューを楽しめる。

▶星空サイダー500円などを販売

みゅーじあむしょっぷ
ミュージアムショップ

宇宙に関するさまざまなグッズのほか、天文台オリジナルのキャンディやマシュマロなどもあり、おみやげに人気。

▶アースキャンディ・ムーンキャンディ 1本280円

仙台市天文台ではスタッフがさまざまなテーマで展示物を案内する展示ツアーも開催しています。

話題のスポットが続々！沿岸エリアで爽快ドライブ

仙台市東部沿岸から名取市、岩沼市を車で巡るドライブコース。注目のスポットが集まる活気に満ちたエリアで新しい発見を！

摘みたてフルーツを堪能！

じぇいあーるふるーつぱーく せんだいあらはま

JRフルーツパーク仙台あらはま ①

約11万㎡の広大な敷地で、一年通して果物狩りを楽しめる観光農園。栽培されている果物は、イチゴやブドウ、リンゴ、ブルーベリーなど、8品目150種類ほど。旬の食材を味わえるレストランや、地元産の農産物が並ぶマルシェもある。☎022-390-0770 住仙台市若林区荒浜新2-17-1 ¥入園無料（フルーツ狩りは有料）⏰10～16時（カフェは～15時LO、レストランは11～15時LO）休火曜（祝日の場合は翌平日）交仙台東部道路仙台東ICから車で8分 P150台 MAP折込裏D7

どのシーズンに訪れても旬のフルーツに出合える

▶周辺の事業者が生産する新鮮な野菜などが毎日入荷

START!

リバーサイドでご当地グルメを

かわまちてらすゆりあげ

かわまちてらす閖上 ②

名取市閖上地区にある人気の商業施設。飲食店や鮮魚店、スイーツ店など27店舗が入り、食事や買い物を楽しめる。「北限のしらす」や名取のセリ、老舗が手がける笹かまぼこなど、名取ならではのグルメは要チェック。☎022-399-6848 住名取市閖上中央1-6 ⏰休店舗により異なる 交仙台東部道路名取ICから車で5分 P117台 MAP折込裏C7

❶名取川沿いにあり、散策も楽しめる❷「閖上浜のまかない処 浜や食堂」の海鮮かわまちてらす丼1100円

ドライブコース

START 仙台東部道路仙台東IC ▶車で8分 ① JRフルーツパーク仙台あらはま ▶車で10分 ② かわまちてらす閖上 ▶車で20分 ③ 竹駒神社 ▶車で20分 ④ アクアイグニス仙台 ▶車で5分 仙台東部道路名取IC GOAL

ぐるっと回って約5時間

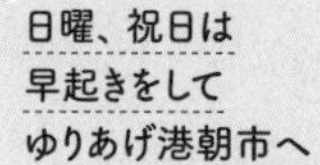

日曜、祝日は
早起きをして
ゆりあげ港朝市へ

鮮魚店や青果店、飲食店など約50店が出店。自由に参加できる競り体験は日曜開催。購入した魚介などを焼いて食べられる炉端もある。日曜、祝日のみ、6～13時の営業。
☎022-395-7211 MAP折込裏C7

愛らしい表情のきつねみくじが人気

たけこまじんじゃ

竹駒神社 3

承和9年（842）の創建と伝わる古社。倉稲魂神（うかのみたまのかみ）、保食神（うけもちのかみ）、稚産霊神（わくむすびのかみ）を祭り、産業開発や五穀豊穣、商売繁昌、海上安全などの信仰を集める。日本三稲荷のひとつに数えられ、「開運きつねみくじ」「白狐鈴守」などが人気。

☎0223-22-2101 住岩沼市稲荷町1-1 ¥境内無料 ◷6～17時 休無休 交仙台東部道路岩沼ICから車で10分 P160台 MAP折込裏C7

❶精緻な彫刻が施された向唐門もみどころ
❷きつねの縁起物のなかにはおみくじが。縁起物は持ち帰りOK

▼年間約160万人の参拝者が訪れる

GOAL!

◀県内各地の食材などが集まるマルシェで買い物も

温泉とディナーでまったり♪

あくあいぐにすせんだい

アクアイグニス仙台 4

広大な敷地に温泉やレストラン、マルシェなど7つの棟が並ぶ。日本を代表するシェフやパティシエが監修・プロデュースするメニューを味わえるスポットとしても人気。温泉棟にはリラクゼーションスペースも併設。☎022-355-2181 住仙台市若林区藤塚松の西33-3 ¥◷休店舗により異なる 交仙台東部道路名取ICから車で5分 P500台 MAP折込裏C7

❶日帰り入浴施設「藤塚の湯」。¥850円(土・日曜、祝日は950円)◷9～21時(土・日曜、祝日は～22時、最終受付閉館1時間前) 休不定休 ❷日本料理店「賛否両論」の笠原将弘オーナーシェフがプロデュースする「笠庵」。笠庵おまかせご膳3500円など

絶品ジェラートでちょっと休憩

じぇらてりあ なちゅりの

ジェラテリア ナチュリノ

名取市の人気ジェラートショップ。宮城県色麻（しかま）町の「小松牧場」直送の生乳をはじめ、地元産の果物や野菜などで作るジェラートは、コクがあり、風味豊か。イートインスペースもある。

☎022-397-8235 住名取市飯野坂南沖93-1 ◷9時30分～17時 休木曜 交仙台東部道路名取ICから車で10分 P150台 MAP折込裏C7

テラス席もあるイートインスペース。ジェラートはシングル480円～

かわまちてらす閖上では笹かまぼこの手焼き体験も楽しめます。焼きたての笹かまぼこも必食です。

仙台の町並み彩る四季のお祭り 七夕まつりと光のページェント

四季を通して繰り広げられる祭りやイベントも仙台の魅力のひとつ。
夏の七夕まつりと冬の光のページェントは、毎年200万人以上が見物に訪れます。

地元っこイチ押しはココ！

仙台駅から一番町までのアーケード街が最大のみどころ。豪華絢爛な笹飾りに注目してみて。

▲10mを超える孟宗竹に吊るされた七夕飾り。飾りは和紙を使い、手作りしたもの

▲児童生徒の思いがこもった「復興折り鶴飾り」。約8万羽の折り鶴が飾られる姿はまさに圧巻

8月6～8日

せんだいたなばたまつり

仙台七夕まつり

華やかな吹き流しが美しさを競う

東北三大祭りのひとつとして知られ、その起源は伊達政宗(だてまさむね)の時代とも伝わる伝統ある祭り。明治以降は衰退していったが、昭和2年（1927）に商店街の有志の尽力により復活した。第二次世界大戦後はますます華やかになり、今では、毎年約200万人が訪れる大規模な祭りになっている。

☎022-265-8185(仙台七夕まつり協賛会)●主会場：中心部商店街及び、周辺地域商店街など 交主会場の中心部商店街へはJR仙台駅から徒歩5～15分 Pなし MAP P114C3

★竹飾りに込められた願い★

竹に吊るされる飾りを七つ飾りとよびます。すべて手作りで作られ、それぞれに願いが込められています。

- ❶紙衣 病気や災難の厄除け、裁縫の上達
- ❷折鶴 健康長寿、家内安全
- ❸吹き流し 機織りや、技芸の上達
- ❹短冊 学問や書道の上達
- ❺屑篭 清潔と倹約
- ❻投網 豊漁、豊作
- ❼巾着 節約、貯蓄

※写真はしまぬき本店（☞P36）の柳生和紙の七夕飾り3300円。数量限定販売

仙台駅から一番町へ続くアーケード街

仙台七夕まつりが行われる「ハピナ名掛丁」「クリスロード」など、東北屈指のショッピングエリアといわれる仙台のアーケード街。老舗も点在し、イベントと合わせて買い物も楽しめる。
MAP P114C3

12月上～下旬

せんだいひかりのぺーじぇんと

SENDAI光のページェント

ケヤキ並木を彩る数十万個のLED

昭和61年（1986）にスタートした「SENDAI光のページェント」は、例年200万人以上の人が訪れる東北屈指のイルミネーションイベント。落葉した定禅寺通（☞P26）のケヤキ並木が、数十万個のLEDライトで飾られる。勾当台公園では野外アイスリンクや飲食ブースも開催。年によっては雪との幻想的なコラボが見られることも。

☎022-261-6515（SENDAI光のページェント実行委員会）●主会場：定禅寺通など ⏰開催期間・点灯時間は公式HPを要確認 交主会場の定禅寺通へは地下鉄南北線勾当台公園駅からすぐ Pなし MAP P112C2

地元っこイチ押しはココ！

1分間消灯した後、再度点灯するスターライト・ウインクは必見。

◀定禅寺通の彫刻『夏の思い出』付近がベストポイント。記念撮影はココで

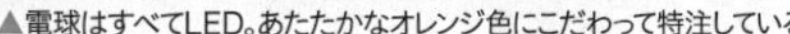
▲電球はすべてLED。あたたかなオレンジ色にこだわって特注している

春と秋のお祭りにも出かけましょう

5月第3日曜とその前日

せんだい あおばまつり

仙台・青葉まつり

時代絵巻が町を練り歩く

土曜の宵まつりは「仙台すずめ踊り」がみどころ。日曜の本まつりでは、山鉾巡行（やまぼこじゅんこう）などの時代絵巻巡行が行われる。

☎022-223-8441（仙台・青葉まつり協賛会）●主会場：勾当台公園、仙台市中心部など 交主会場の勾当台公園へは地下鉄南北線勾当台公園駅からすぐ Pなし MAP P113D2

9月第2日曜とその前日

じょうぜんじすとりーとじゃず ふぇすてぃばる

定禅寺ストリートジャズフェスティバル

町中が音楽に包まれる

1991年にスタートした音楽祭。プロ・アマ問わず多くのミュージシャンが、路上ステージで演奏する。

☎022-722-7382（JSF協会）●主会場：定禅寺通、勾当台公園など 交主会場の定禅寺通へは地下鉄南北線勾当台公園駅からすぐ Pなし MAP P112C2（定禅寺通）、P113D2（勾当台公園）

しまぬき本店（☞P36）では七夕をモチーフにしたはがき165円やレターセット462円などが人気です。

特別感のある手仕事みやげ メイドイン宮城の逸品探し

宮城の地で生まれた工芸品やアーティスト作品の数々。
手仕事だからこそ感じられる味とオリジナリティー溢れる逸品を探しましょう。

仙台駅西口

とうほくすたんだーどまーけっと

東北スタンダードマーケット

東北ゆかりのアイテムから メイドイン宮城を見つける

東北各地の伝統工芸品や東北在住の作家の作品など、1000点以上のアイテムが並ぶセレクトショップ。メーカーとのコラボ商品や七夕関連グッズなど、宮城関連のオリジナルアイテムも豊富に揃う。

☎022-797-8852 住仙台市青葉区中央1-2-3 仙台パルコ地下1階 ⏰10時～20時30分 休施設に準ずる 交JR仙台駅からすぐ P施設契約駐車場利用 MAP P115E2

手前から時計回りに
ワカメッコ手ぬぐい 1320円
白石和紙 名刺入れ 3080円
三輪田窯波紋プレート(M) 5720円
三輪田窯 フジツボマグ 3520円
仙台ガラス雫文様タンブラー 5830円

❶普段づかいに、贈り物に、目的に応じてぴったりのアイテムが見つかりそう ❷ハチの巣のようなデザインの棚など、宮城県内で作られた木製什器に商品が並ぶ ❸松川だるま1650円など、手仕事のぬくもり溢れる商品がずらり ❹東北各地のこけしが勢揃い

❶複合ボールペン3850円～、ナッツボウル6380円、ワインカップ4730円、片口8800円、おちょこ5500円 ❷昭和初期から続くこだわりの品々が並ぶ ❸大切な人への特別ギフトにも最適

上杉

とうほくこうげいせいさくしょ

東北工芸製作所

職人手作りの玉虫塗(たまむしぬり)

宮城の伝統工芸品・玉虫塗を現代の生活でも使用しやすい形にして展開。受け継がれてきた伝統の手法で一つずつ職人が手作りする商品は、色の濃淡や波の形などさまざま。

☎022-222-5401 住仙台市青葉区上杉3-3-20 ⏰10～18時 休土・日・月曜、祝日 交地下鉄南北線勾当台公園駅から徒歩8分 Pなし MAP P113D1

老舗の紙問屋のアーケード店でミニ七夕飾りを

創業以来、仙台七夕まつり（☞P32）の飾りを作る老舗「鳴海屋紙商事 七夕企画室」。ミニ七夕飾りのワークショップを開催するほか、七夕飾り作りができる紙製品を販売している。
☎022-221-3451 MAP P114B3

左から
木のおもちゃ 1個1650円～
りんごのオブジェ
(小)2750円、(大)4400円
ぐい吞み 2750円
片口 3850円

一番町
ぎゃるり あるぶる
galerie arbre
店主が選ぶ作家作品の器と雑貨が並ぶギャラリー

ガラス器や陶器、木工品、金属製品など店主自らセレクトする、東北を中心に活躍する作家作品が並ぶ。ユニークさやおもしろさだけでなく、使いやすさにもこだわっており、日常使いしたいものばかり。

☎022-221-7117 住仙台市青葉区一番町1-11-27 ⏰11～18時（土・日曜、祝日は～17時）休火曜（祝日の場合は営業）交JR仙台駅から徒歩8分 Pなし MAP P114B4

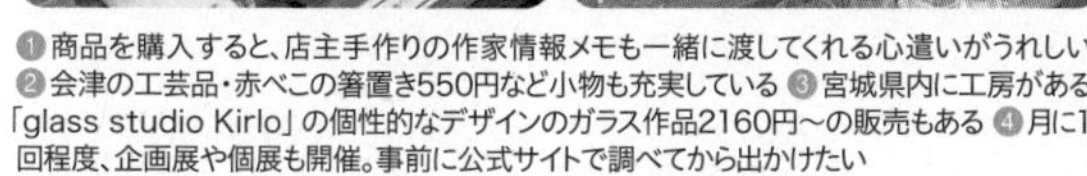

❶商品を購入すると、店主手作りの作家情報メモも一緒に渡してくれる心遣いがうれしい ❷会津の工芸品・赤べこの箸置き550円など小物も充実している ❸宮城県内に工房がある「glass studio Kirlo」の個性的なデザインのガラス作品2160円～の販売もある ❹月に1回程度、企画展や個展も開催。事前に公式サイトで調べてから出かけたい

一番町
せんだいすーべにあ
せんだいスーベニア
仙台ならではの極上の逸品

仙台で広がった高級絹織物・仙台平や、岩石や籾殻灰を釉薬に使用した仙台古来の焼物・堤焼など、仙台の伝統工芸品が並ぶセレクトショップ。仙台ゆかりのアーティストによる雑貨や作品も揃う。

☎022-722-1234（ウェスティンホテル仙台）住仙台市青葉区一番町1-9-1 ウェスティンホテル仙台26階 ⏰7～20時 休無休 交JR仙台駅から徒歩9分 P契約駐車場利用 MAP P113D3

❶仙台平の名刺入れ3520円～は2色展開。仙台平の長財布もある ❷仙台在住のイラストレーター古山拓（ふるやまたく）のポストカード7枚入660円 ❸高級感漂う店内には高品質なものづくりから生まれるアイテムが並ぶ

伝統工芸品・松川だるまは、独眼竜として知られる伊達政宗（だてまさむね）に配慮して、両目入りデザインになったという説もあります。

ほんのり笑顔に癒やされます かわいいこけしをおみやげに

懐かしくて、柔らかな表情にほっこりするこけし。
仙台でキュートなこけしグッズに出会えます。

一番町

しまぬきほんてん

しまぬき本店

宮城・東北の伝統工芸品がずらり

東北各地の民芸品やみやげ品を幅広く販売。こけしや玉虫塗、仙台堆朱（ついしゅ）、堤人形などの伝統工芸品も扱う。こけしは伝統的なものから、文房具や雑貨などのアレンジした商品まで多彩に揃う。オリジナルグッズも要チェック。

☎022-223-2370 住仙台市青葉区一番町3-1-17 ⏰10時30分～19時 休第2水曜（8月は営業）交JR仙台駅から徒歩10分 P契約駐車場（3300円以上の利用でサービス券配布）MAP P114B3

▲アーケード街の中にあるので立ち寄りやすい

素朴で癒やされます

こけし缶 1個2310円

こけし工人手作りのこけしを、こけしを作るときに出る木くずと一緒に缶に詰めてお届け

伝統こけしいろいろ

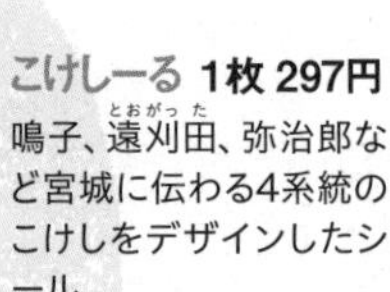

こけしーる 1枚 297円

鳴子、遠刈田（とおがった）、弥治郎など宮城に伝わる4系統のこけしをデザインしたシール

頭の文様も個性的

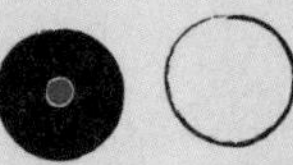

手ぬぐい（頭文様） 1枚 1430円

遠刈田系や作並系など、伝統こけしの個性的な頭文様を並べたオリジナル手ぬぐい

仙台名物がこけしに！

仙台名物三姉妹こけし（創作スタイル） 各2420円

仙台名物の代表格・牛たん、笹かま、ずんだがかわいいこけしに。しまぬきオリジナル商品

三陸の海の幸とこけしのコラボ

うみの三姉妹こけし 各2420円

仙台うみの杜水族館（☞P28）とのコラボ。三陸の海の幸、カキ、イクラ、ホヤがこけしになって登場

美術館で伝統的な東北地方のこけしを鑑賞しましょう

明治時代から昭和初期に作られた東北地方のこけしを中心に、約5000点を収蔵する「カメイ美術館」。企画展も行われ、日本近代絵画や蝶の標本なども展示。入館300円。
☎022-264-6543 MAP P113E4

仙台駅西口
かねいり すたんだーど すとあ

KANEIRI STANDARD STORE

日々を彩るアイテム探し

仙台駅直結のショッピングエリアにあるセレクトショップ。こけしをモチーフとした文房具やレター用品のほか、生活雑貨やアクセサリーなど日常使いしたくなるアイテムが並ぶ。

☎022-353-5061 住仙台市青葉区中央1-1-1 エスパル仙台東館3階 ◷10～21時 休施設に準ずる 交JR仙台駅からすぐ P施設契約駐車場利用 MAP P115E3

▲豊富な商品が楽しげに並び、つい立ち寄りたくなる

マッチ箱サイズでかわいい

こけしクリップ
各520円
仙台、鳴子、弥治郎、石巻と、宮城県内各地のこけしが描かれた紙製クリップ

そえぶみ箋（こけし） 385円
和紙を使った小さめの便箋。どこか冷めた表情のこけしのイラストがかわいい

こけしが気持ちを伝えてくれる

毎日の食事に笑顔を添えて

ボーダーこけし箸置き
各1155円
ボーダー柄がよく似合う内巻きボブのこけしが箸置きに。手描きの表情にも注目

一番町
ぺちかどう

ペチカ堂

生活を彩るぬくもり雑貨

東北大学片平キャンパスの近くにある隠れ家のような雑貨店。店内には宮城在住の作家が作った食器や、種類豊富なカレルチャペックの紅茶などが所狭しと並んでいる。

☎090-7662-1529 住仙台市青葉区一番町1-14-30 VIBES一番町3階 ◷11～18時 休不定休 交JR仙台駅から徒歩15分 Pなし MAP P113D3

▲ハイセンスな雑貨みやげ探しに訪れたい

お弁当を彩るミニこけし

こけしピック
5本1850円
仙台の竹細工職人・本郷陽彦氏が制作。こけしが料理のアクセントに

こけし箸 1300円
1つずつ手彫りで仕上げている。こけしの箸置き850円もある

箸置きとセットで揃えたい

こけしを本にはさんじゃおう

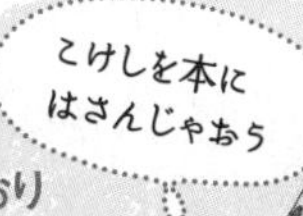

こけししおり
950円
素朴なこけしが3つ並んだしおり。本を開くたび、かわいいこけしに癒やされる

鳴子温泉郷（☞P94）など宮城県の温泉街では、こけしの絵付け体験を楽しめる場所がたくさんあります。旅の思い出にぜひ。

おいしいおみやげ探しなら まとめ買いに便利な仙台駅で

定番から変わりダネまで、仙台みやげが多彩に揃う仙台駅。
駅ナカで気軽に買えるグルメなみやげをご紹介。

長年愛され続ける
定番みやげ

「菓匠三全(かしょうさんぜん)」の萩の月(はぎのつき)

8個入り 2000円

ふんわりとしたカステラにオリジナルのカスタードクリームがたっぷり。❶❷❸

つぶつぶ食感の
ずんだ餅

「ずんだ茶寮(さりょう)」のずんだ餅(もち)

1箱 960円

枝豆の香りを感じる王道みやげ。だんご5個が入る。❶❷❸

卵専門店が作る
こだわりプリン

「森(もり)の芽(め)ぶき たまご舎(や)」の蔵王(ざおう)のたまごぷりん

1個 302円

蔵王の自然が育んだ新鮮な卵と牛乳を使用。濃厚でなめらかな食感。❷

「玉澤総本店(たまざわそうほんてん)」のミニずんだあんさぶれ

12枚入り 1120円

しっとりした生地にずんだ餡がマッチ。和・洋のバランスが絶妙。❶❷

「お茶(ちゃ)の井ヶ田(いげた) 喜久水庵(きくすいあん)」の喜久福(きくふく)

4種詰合せ8個入り 1150円

なめらかな餡と生クリームの組合せ。抹茶、ずんだ、生クリーム、ほうじ茶の4種。❶❷❸

「菓匠三全(かしょうさんぜん)」の仙台名物(せんだいめいぶつ) ずんだ餅(もち)

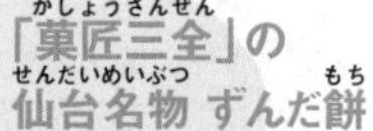

8個入り 1080円

ずんだ餡を餅で包んで食べやすい大きさに。手軽に味わえる。❶❷❸

常温で持ち歩ける
新スイーツ

「ずんだ茶寮(さりょう)」のずんだ白雪(しらゆき)チーズケーキ

ホール 1520円

コクのあるクリームチーズと、特製ずんだがベストマッチする新定番。❶

新定番の人気
みやげはコレ

ひと口サイズ
のミニモナカ

「白松(しろまつ)がモナカ本舗(ほんぽ)」のミニモナカ

20個入り 1500円

小豆、白あん、ゴマ、栗の4種類の詰合せ。ひと口サイズ。❶❷

コチラで買えます！

仙台駅構内

❶おみやげ処せんだい

在来線中央改札口や新幹線改札口のそばなど、駅構内に点在している。
☎店舗により異なる 🕒店舗により異なる 休無休 MAP P115E3

エスパル仙台本館地下1階

❷エキチカおみやげ通り

宮城・仙台と東北各地の品を豊富に揃えた約50店舗が集結。
☎022-267-2111(エスパル仙台) 🕒10～21時 休不定休 MAP P115E3

エスパル仙台東館2階

❸伊達のこみち

「東北めぐりいろといろ」など東北みやげを揃える11店舗が並ぶ。
☎022-267-2111(エスパル仙台) 🕒10～21時 休不定休 MAP P115E3

高級魚・キチジ入り！
プレミアムな一品

「かまぼこの鐘崎」の大漁旗 1枚 330円

伊達の旨塩など厳選素材を使用。肉厚で弾力のある食感が特徴。❶❷❸

3種の味の
小さな笹かま

「白謙かまぼこ」のおみやげセットNo.1

ミニ笹など 7枚入り 1016円

左右に開く箱で贈り物にもおすすめ。極上笹かまぼこ10枚入り2322円も。❶❷❸

通好みの
笹かまぼこ

「阿部蒲鉾店」の吟撰笹 1枚 280円

すり身は高品質で希少価値の高い上級グレードのみを使用。香りが高く、強い弾力。❶❷

ヘルシーな
お豆腐揚かまぼこ

「松島蒲鉾本舗」のむう

15個入り 2624円

大豆のうま味が詰まった揚げかまぼこ。あっさりした味わい。❶

自宅で味わえる
本場の牛たん

「伊達の牛たん本舗」の芯たん®塩仕込み

120g 2322円

軟らかい部分を厚切りにした牛たん。自宅で焼いて手軽に味わえる。❶❷

スモーク独特の
風味と味わい

「伊達の牛たん本舗」の牛たんスモークスライス

130g 1188円

香り豊かでしっとり。やさしい味わいの牛たんスモーク。❶❷

牛たんが
たっぷり！

「たんや善治郎」の牛たんが入りすぎてる牛たんシチュー

300g 1280円

内容量の半分を牛たんが占める贅沢シチュー。❶

専門店が作る
牛タンのラー油

「陣中」の牛タン仙台ラー油

100g 900円

具の9割に牛タンを使用した贅沢な食べるラー油。一度食べたらやみつきに。❶❷❸

駅構内には総菜やスイーツの専門店も。テイクアウトしてホテルや自宅で楽しむのもおすすめです。

牛たん・海鮮・幕の内
目移り必至の仙台駅弁選び

仙台駅には、各地の名物食材を詰め込んだ色とりどりの駅弁がずらり。見た目も味も大満足の駅弁を買って、電車の旅を楽しみましょう。

仙台駅構内2階

えきべんや まつり せんだいえきてん

駅弁屋 祭 仙台駅店

**専門店だからこその充実度！
各地の名物弁当が一堂に会する**

東京駅で人気の駅弁専門店の2号店。「毎日が駅弁祭り」をコンセプトに、全国各地の人気駅弁を揃えている。駅弁のほか、みやげやビール、宮城や福島の地酒なども販売。定期的に入れ替わる商品は、11～12時頃が最も多くの種類が並ぶ。季節限定商品も要チェック。

▲早朝からオープンしているので早い時間の出発時にも利用できる

☎022-227-7310（エヌアールイーサービス）住仙台市青葉区中央1-1-1 JR仙台駅南側コンコース2階 ⏰7～20時 休無休 交JR仙台駅直結 Pなし MAP P115E3

分厚い牛たんがたっぷり！

牛たん

仙台名物牛たん弁当 1780円

紐をひっぱるとすぐに温まる加熱式容器に入った弁当。分厚い牛たんの塩加減が絶妙

製造元：こばやし

牛たんと仙台牛両方楽しめる

牛たん・仙台牛

炙り牛たんとA5仙台牛弁当 1680円

最高品質A5ランクの仙台牛と仙台名物の牛たんを盛り込んだ贅沢な駅弁

製造元：こばやし

あったかご飯にほっこり

牛たん

網焼き牛たん弁当 1280円

加熱式容器で販売する弁当はホカホカ状態で楽しめる。仙台駅で30年以上並ぶロングセラー

製造元：こばやし

4種の味で食べ比べ

牛たん

牛たん味くらべ 1250円

塩焼き、味噌焼き、そぼろ、つくねと4種類の調理方法で牛たんのおいしさを楽しめる

製造元：ウェルネス伯養軒

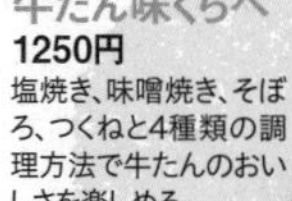

※入荷日が限定される商品もあります。

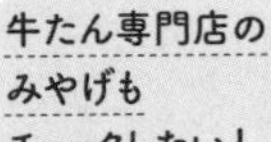

牛たん専門店の
みやげも
チェックしたい！

塩焼き牛たんで人気のたんや善治郎（☞P51）の売店「たんや善治郎売店」の牛たんみやげも必見。持ち帰りやすい牛たんしぐれや、牛たんと相性抜群の青唐辛子味噌などをぜひ。

☎022-224-2018 MAP P115E3

浜の味と香りを詰め込む

海鮮

鮭はらこめし 1450円

郷土料理・はらこめしが駅弁に！肉厚の鮭と特製しょうゆと酒に付けたイクラがたまらない

製造元：ウェルネス伯養軒

ダシが染みるご飯が絶品

海鮮

伊達かきめし

1400円

三陸のカキの中でも特に濃厚な味わいの「伊達の釜ゆでかき」を使用。磯の香りを感じよう

製造元：こばやし

ブランド魚のうま味と食感を楽しめる

海鮮

金華さば棒寿司

1550円

宮城県金華山沖で獲れる脂のりのいい「金華さば」を酢で締めた一品。肉厚でうま味たっぷり

製造元：ウェルネス伯養軒

香ばしいエンガワを一口で

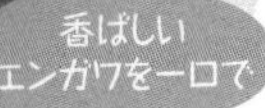

海鮮

伯養軒の炙りえんがわずし

1600円

脂ののったカレイのエンガワを炙り押し寿司にした贅沢な一品。ライムの風味がよく合う

製造元：ウェルネス伯養軒

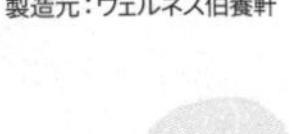

政宗ゆかりの地の素材を吟味！

幕の内弁当

独眼竜政宗辨當

1300円

3種のおにぎり、鶏や銀鮭の照り焼き、笹かまぼこ、しそ巻き、仙台長茄子漬けなど、岩出山や仙台の味覚が満載！

製造元：こばやし

「駅弁屋 祭 仙台駅店」は在来線中央改札口（2階）を出て右側。新幹線のホームは3階にあります。

ココにも行きたい

仙台のおすすめスポット

仙台駅西口

あえるさんじゅういっかいてんぼうてらす
AER31階展望テラス

仙台の町並みを眼下に眺める

仙台駅西口からペデストリアンデッキで繋がる高層ビルAERの31階にある展望所。東西2カ所のテラスから、仙台市内を一望できる。天気のいい日には、蔵王連峰や仙台湾が見えることも。夜景スポットとしても人気。DATA☎022-724-1111（クロップス）住仙台市青葉区中央1-3-1AER31階 ¥入場無料 ⏰10～20時 休無休 交JR仙台駅から徒歩2分 P520台（有料）MAP P115E2

仙台駅西口

みたきさんふどういん
三瀧山不動院

仙台商人の願掛け寺院

アーケード「クリスロード」内にあり、商売繁盛や開運成就などを祈願する人が訪れる。明治時代、立ち寄った店が必ず繁盛したと伝わる福の神・仙臺四郎の像が安置されており、カードお守りなどグッズも購入できる。DATA☎022-221-3056 住仙台市青葉区中央2-5-7 ⏰10～18時 休無休 ¥拝観無料 交JR仙台駅から徒歩6分 Pなし MAP P114C2

仙台城跡周辺

やぎやまどうぶつこうえんふじさきのもり
八木山動物公園フジサキの杜

東北最大級の人気動物園

ゾウのえさやり体験が人気のアフリカ園やスマトラトラなどがいる猛獣舎、ふれあい体験が楽しめるふれあいの丘などがある。DATA☎022-229-0631 住仙台市太白区八木山本町1-43 ¥入園480円 ⏰9時～16時45分（最終入園は16時）※11～2月は～16時（最終入園は15時）休水曜（祝日の場合は翌日）交地下鉄東西線八木山動物公園駅からすぐ P370台（有料）MAP 折込裏C7

仙台駅東口

しーふーどれすとらんあんどばー えすけーせぶん せんだいひがしぐちてん
シーフードレストラン&バー SK7 仙台東口店

産地直送の魚介を使った料理を気軽に

その日仕入れた新鮮な魚介を使った鮮魚のアクアパッツァ1870円などが人気。オリジナルの地ビールなどドリンクも充実している。DATA☎022-292-5088 住仙台市宮城野区榴岡1-2-37 ダイワロイネットホテル仙台1階 ⏰11時30分～15時、17時～23時30分（土曜は11時30分～23時30分、日曜、祝日は11時30分～23時）休無休 交JR仙台駅から徒歩2分 Pなし MAP P115F4

仙台駅西口

りごれっと たぱす らうんじ
RIGOLETTO TAPAS LOUNGE

地産地消の欧風料理に舌鼓

シャンデリアが印象的な華やかな店内で、欧風料理やワインを楽しめる。東北産の食材を中心に使用したメニューは種類豊富で、スペイン風小皿料理のタパス660円～。DATA☎022-716-0678 住仙台市青葉区中央1-6-1 ハーブ仙台ビル1・2階 ⏰11時30分～15時、17～22時（金曜は～23時）、土曜は11～23時（日曜、祝日は～22時）休無休 交JR仙台駅から徒歩3分 Pなし MAP P115E2

仙台駅西口

しゅんぼう かいどうあおば
旬房 街道青葉

レトロな店内で宮城の味を堪能

県内産食材を中心に使う料理が評判。二度蒸しした茶色い麺が特徴の、石巻市のご当地グルメ・石巻焼きそば750円（写真）などを味わえる。漁師から直接仕入れる新鮮魚介を使ったメニューも豊富に揃う。DATA☎022-222-0018 住仙台市青葉区中央2-4-7 ⏰11時30分～14時30分、17時30分～23時 休日曜（連休の場合は月曜）交地下鉄南北線広瀬通駅から徒歩5分 Pなし MAP P114C3

仙台駅西口

ん びすとろ
ん bistro

旬の野菜がたっぷりの人気フレンチ

横丁「仙台銀座」にある隠れ家的ビストロ。とりば豚や有機野菜など、オーナーが吟味した食材で作るフレンチが評判。ランチは1320円～、ランチコース3300円～。フランスワインや有機ワインと一緒に楽しもう。DATA☎022-211-1881 住仙台市青葉区中央3-10-3 ⏰11時30分～14時LO、17時30分～21時LO 休日・月曜 交JR仙台駅から徒歩7分 Pなし MAP P114C4

仙台駅西口

かふぇ ぱんぷるむぅす せんだい
Cafe Pamplemousse 仙台

焼きたてパンケーキが味わえる

ボリューム満点のパンケーキが評判の店。いちご&バナナ&マウンテンクリーム1320円は新鮮なフルーツと生クリームがたっぷり。注文を受けてから一枚一枚手焼きしている生地は外がカリッと、中がふんわりとした食感が味わえる。DATA☎022-208-8899 住仙台市青葉区中央1-7-18日吉第1ビル3階 ⏰11～19時LO 休無休 交JR仙台駅から徒歩5分 Pなし MAP P115D2

仙台駅西口

ちゃこーる ばる じゅ
charcoal bar jus

東北食材の炭火焼きとお酒を楽しむ

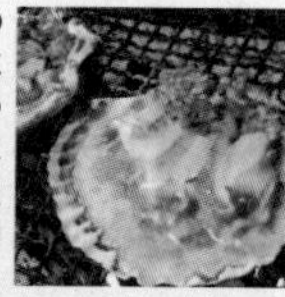

東北の魚介や肉の炭火焼きをメインにビストロ料理を味わえる。季節や料理に合わせたワインも豊富。落ち着いた雰囲気で、カウンター席もある。DATA☎022-266-3345 住仙台市青葉区中央1-8-31 名掛丁センター街内2階 ⏰17～24時（木～日曜は11時30分～14時30分も営業）休水曜、ほか不定休あり 交JR仙台駅から徒歩3分 Pなし MAP P115E2

国分町

お料理ほし

おりょうりほし

季節を感じる上品な日本料理

季節の地場食材を盛り込んだ日本料理を楽しめる。あっさりとした上品な関西風の味付けが評判。おすすめの松コース4400円（前日までに要予約）は全7品とボリュームたっぷり。東北の地酒とともに、ゆっくり味わおう。DATA☎022-263-3010 住仙台市青葉区国分町2-8-2八百重ビル3階 ⏰17～22時 休日曜、祝日 交地下鉄南北線勾当台公園駅から徒歩8分 Pなし MAP P114A2

一番町

風禽窟

ふうきんくつ

職人の個性が光る服飾雑貨が勢揃い

仙台をはじめとした全国各地の作家による、個性豊かなアイテムが揃うセレクトショップ。落ち着いた色合いを基調とした衣類やアクセサリーは、大人の女性に人気。アーティストによる一点物などが多いので気に入ったら迷わず購入を。DATA☎022-267-8633 住仙台市青葉区一番町2-3-28 ⏰10時30分～18時 休日曜 交地下鉄東西線青葉通一番町駅から徒歩2分 MAP P114B4

本町

佐々重

ささじゅう

仙台味噌をおみやげに

安政元年（1854）に創業した老舗で、さまざまな味わいの仙台味噌を量り売りしている。試食もできるのでお気に入りをみつけよう。そのほか、仙台味噌を使った商品や全国各地から厳選した逸品なども取り揃えている。DATA☎022-264-3310 住仙台市青葉区本町2-8-5 ⏰10時～18時30分 休不定休 交地下鉄南北線広瀬通駅から徒歩2分 P3台 MAP P114C1

仙台駅西口

三好堂

みよしどう

丹精込めて作られた良質な品を販売

アーケード「クリスロード」内にある、明治42年（1909）創業の人形専門店。1～5月は雛人形や伊達政宗公の兜などが並ぶ。そのほかの時期は、店主が厳選した日用品や、仙台をモチーフにしたまち針、お香などを販売。DATA☎022-261-2361 住仙台市青葉区中央2-2-29 ⏰10時30分～17時30分 休不定休 交JR仙台駅から徒歩5分 Pなし MAP P114C3

一番町

露香

ろこう

仙台の魅力を香りで楽しむ

天然香料を使用したオリジナルブレンドのお香やお線香、香炉などを扱う香りの専門店。仙台七夕まつり（☞P32）をイメージした仙台四季香七夕15本入り1430円（写真）など、オリジナルのお香が評判。DATA☎022-211-6010 住仙台市青葉区一番町4-5-18（東一市場内）⏰11～17時 休不定休 交地下鉄南北線勾当台公園駅から徒歩2分 Pなし MAP P114B1

定禅寺通

UP!BAKER 定禅寺本店

あっぷ！べいかー じょうぜんじほんてん

定禅寺通のおしゃれベーカリー

スタイリッシュな照明や絵画が飾られた店内に、常時80～100種類のパンが並ぶ。地元の食材を使ったクリームパンや食パン、ずんだパンなど、仙台・宮城ならではの商品がおすすめ。イートイン可。DATA☎022-393-8832 住仙台市青葉区立町26-10 ⏰9～19時（日曜、祝日は～18時）休不定休 交地下鉄南北線勾当台公園駅から徒歩8分 Pなし MAP P112C2

おさんぽ途中に食べ歩き 地元っ子の定番おやつ

町歩きのおともに最適な、仙台っ子お気に入りのおやつをご紹介。

仙台駅西口

鯛きち 名掛丁店

たいきち なかけちょうてん

行列のできる薄皮たい焼

パリパリの薄皮に餡がたっぷり詰まったたい焼が人気。ホイップクリーム入りでもちもち生地の冷たいたい焼もおすすめ。DATA☎022-224-7233 住仙台市青葉区中央2-1-30 ⏰10時30分～19時30分 休無休 交JR仙台駅から徒歩5分 Pなし MAP P115D2

仙台駅西口

阿部蒲鉾店本店

あべかまぼこてんほんてん

かまぼこがアメリカンドックに！

かまぼこを甘めの衣で包んで揚げたスナック風のおやつ・ひょうたん揚げ300円が人気。お好みでケチャップを付けて味わって。DATA☎022-221-7121 住仙台市青葉区中央2-3-18 ⏰10時～18時30分 休無休 交JR仙台駅から徒歩8分 Pなし MAP P114C3

国分町

ほそやのサンド

ほそやのさんど

長く愛される昔ながらの味

牛肉100%のパテをはさんだほそやのハンバーガー380円が名物。DATA☎022-223-9228 住仙台市青葉区国分町2-10-7 ⏰12～22時（日曜、祝日は～20時30分。売り切れ次第終了）休無休 交地下鉄南北線勾当台公園駅から徒歩6分 Pなし MAP P114A2

コーヒースタンドや小さな雑貨店が増えている仙台駅西口エリア。お気に入りの店を探すのもおすすめです。

仙台のホテル

充実したサービスと
アクセスのよさが自慢の、
仙台駅周辺のおすすめ
ホテルをご案内。

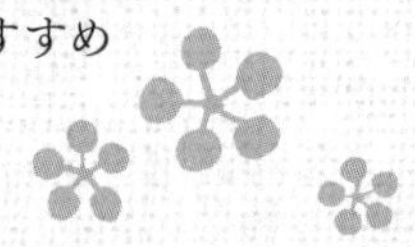

仙台駅西口

ほてるめとろぽりたんせんだい

ホテルメトロポリタン仙台

駅ビル直結で、ビジネス&観光の拠点に便利

仙台駅に隣接する好立地が魅力のシティホテル。高級感あふれる上品なインテリアとこまやかなサービスで、幅広い層から支持されている。客室は、仙台七夕まつり（☞P32）にまつわる星の物語をイメージしたエグゼクティブフロアのほか、東北の四季や、杜の都・仙台の緑をイメージしたコンセプトルームなどがある。地場食材をふんだんに使用した料理を提供するレストラン「セレニティ」をはじめ、和洋中5店のレストランやバーが揃う。
DATA ☎022-268-2525 住仙台市青葉区中央1-1-1 ¥シングル2万1000円～、ツイン3万3000円～ ⏲IN15時、OUT11時 交JR仙台駅からすぐ 送迎なし P140台（1泊1500円）室全295室（シングル124室ツイン144室ダブル21室その他6室）●2018年2月一部改装 MAP P115E4

客室には全室加湿器付き空気清浄器を完備している

ロビーは2階吹き抜けになっており、ゴージャスな雰囲気

仙台駅西口

とうぶほてるぐるーぷ せんだいこくさいほてる

東武ホテルグループ 仙台国際ホテル

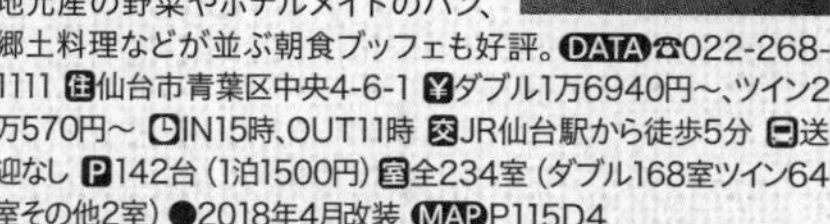

洗練されたラグジュアリーを

大通りに面しながらも、落ち着いた雰囲気の館内。シンプルでモダンな造りの客室で安らぎのひとときが過ごせる。地元産の野菜やホテルメイドのパン、郷土料理などが並ぶ朝食ブッフェも好評。DATA ☎022-268-1111 住仙台市青葉区中央4-6-1 ¥ダブル1万6940円～、ツイン2万570円～ ⏲IN15時、OUT11時 交JR仙台駅から徒歩5分 送迎なし P142台（1泊1500円）室全234室（ダブル168室ツイン64室その他2室）●2018年4月改装 MAP P115D4

一番町

うぇすてぃんほてるせんだい

ウェスティンホテル仙台

抜群の眺望を誇るハイグレードホテル

高さ約180mの仙台トラストタワー内にある外資系都市型ホテル。金と黒を基調としたスタイリッシュなインテリアで、客室はスタンダードルームでも40㎡以上と広々。全室28～36階にあり、窓からは仙台市街はもちろん、晴天時には太平洋や蔵王連峰まで見渡せる部屋もある。地場食材も取り入れたシェフ自慢の料理がいただける「レストランシンフォニー」をはじめ、和洋3つのレストランやバーも魅力。館内にある仙台のみやげ品を扱うセレクトショップ（☞P34）も注目。DATA ☎022-722-1234(代表) 住仙台市青葉区一番町1-9-1 ¥ツイン3万2890円～、キング2万5300円～ ⏲IN15時、OUT12時 交JR仙台駅から徒歩9分 送迎なし P170台（1泊1500円）室全292室（ツイン202室ダブル90室※シングルなし）●2010年8月開業 MAP P113D3

ウェスティンが独自開発したヘブンリーベッドを全室に備える

シーズナルパフェやお酒を楽しめる「ラウンジ&バーホライゾン」

仙台駅西口

ほてるもんとれせんだい

ホテルモントレ仙台

展望温泉からの景色にうっとり

客室はプラハ風の上品な内装。最上階には天然温泉の展望浴場（有料・休館日あり）がある。DATA ☎022-265-7110 住仙台市青葉区中央4-1-8 ¥シングル1万3000円～、ツイン1万9600円～ ⏲IN15時、OUT11時 交JR仙台駅から徒歩3分 送迎なし P73台（1泊1500円）室全206室（シングル89室ツイン111室その他6室）●2004年4月開業 MAP P115E4 ●風呂：内湯あり ●泉質：ナトリウム カルシウム - 塩化物泉 低張性中性温泉

仙台駅西口

ほてる もんて えるまーなせんだい

ホテル モンテ エルマーナ仙台

女性専用フロアやプランが好評

上質かつリーズナブルなホテル。スキンケアセットやフレーバーティーなど女性向けアメニティを豊富に用意したレディース専用フロアが好評。宿泊者専用浴場や各階にセキュリティドアもある。DATA ☎022-721-7501 住仙台市青葉区花京院1-2-15 ¥シングル5600円～、ツイン1万700円～ ⏲IN15時、OUT11時 交JR仙台駅から徒歩3分 送迎なし P契約駐車場あり（有料、予約不可）室全275室（シング258室ツイン17室）●2009年10月開業 MAP P115E2

仙台駅西口

りっちもんどほてるぷれみあせんだいえきまえ

リッチモンドホテルプレミア仙台駅前

プレミアラウンジがリニューアル

仙台駅西口から徒歩3分の好立地。快適に過ごせる客室と、宿泊者は無料で利用できるプレミアラウンジが好評。プレミアラウンジは2023年7月にリニューアル。ドリンクやソフトクリームなどを楽しめる。DATA☎022-716-2855 住仙台市青葉区中央2-1-1仙台東宝ビル5階 ¥シングル8000円～、ツイン1万6000円～ IN14時、OUT11時 交JR仙台駅から徒歩3分 送迎なし Pなし 室全183室（シングル167室ツイン16室）●2008年7月開業 MAP P115D3

仙台駅西口

せんだいわしんとんほてる

仙台ワシントンホテル

落ち着いた空間でゆったりステイ

客室はシングルでも18㎡とゆったりしており、英国王室御用達のスランバーランド社製と共同開発した寝心地のいいベッドを使用。宮城をイメージした内装のコンセプトルームなどもある。DATA☎022-745-2222 住仙台市青葉区中央4-10-8 ¥シングル1万3640円～、ツイン2万300円～ IN14時、OUT11時 交JR仙台駅から徒歩3分 送迎なし Pなし 室223室（シングル159室ツイン41室その他23室）●2013年12月開業 MAP P115E4

仙台駅西口

ほてるぷれみあむぐりーんぷらす

ホテルプレミアムグリーンプラス

地産食材の朝食バイキング

駅前アーケード街にあり、雨天時のアクセスも良好。宮城県産ひとめぼれなどの地元食材を使用した、和洋バラエティ豊かな朝食バイキング（宿泊料+1400円）が人気。DATA☎022-212-1255 住仙台市青葉区中央2-6-8 ¥シングル8850円～、ツイン1万5120円～ IN15時、OUT11時 交JR仙台駅から徒歩5分 送迎なし P契約駐車場あり（有料、予約不可）室全117室（シングル87室セミダブル20室ツイン4室その他6室）●2009年10月改装 MAP P115D2

仙台駅西口

ほてるじゃるしてぃせんだい

ホテルJALシティ仙台

居心地のよさと利便性の両立

最大5名まで宿泊できる客室（要電話予約）やレディースルームなど、さまざまなシーンに対応できる多彩な客室を用意。インターネット予約で大幅割引になることも。マイレージも貯まる。DATA☎022-711-2580 住仙台市青葉区花京院1-2-12 ¥シングル1万4850円～、ツイン2万4948円～ IN14時、OUT11時 交JR仙台駅から徒歩3分 送迎なし P50台（1泊1500円）室全238室（シングル111室ツイン78室ダブル46室その他3室）●2017年7月改装 MAP P115E2

仙台駅東口

ほてるめとろぽりたんせんだいいーすと

ホテルメトロポリタン仙台イースト

駅東口に直結した好立地

仙台駅に直結し、観光に便利なシティホテル。カードセキュリティで制御された客室はすべて禁煙。開放的な宿泊者専用ラウンジでは、くつろぎのひとときが過ごせる。DATA☎022-302-3373 住仙台市青葉区中央1-1-1 ¥シングル2万8000円～、ツイン3万3000円～ IN15時、OUT11時 交JR仙台駅直結 送迎なし Pエスパル仙台東口駐車場利用（1泊1500円）室全282室（シングル173室ツイン79室ダブル26室スイート2室その他2室）●2017年6月開業 MAP P115E3

仙台駅東口

ほてるびすたせんだい

ホテルビスタ仙台

宿泊者専用大浴場でリラックス

バス・トイレ・洗面台が独立式（一部の客室を除く）で快適に過ごせる。2階の大浴場では肌にやさしいマイナスイオンでリラックス。牛タンカレーなどがある朝食バイキング1430円も人気。DATA☎022-385-6222 住仙台市宮城野区榴岡1-7-3 ¥シングル1万3200円～、ツイン2万7500円～ IN15時、OUT10時 交JR仙台駅から徒歩4分 送迎なし P13台 室全238室（シングル146室ツイン42室ダブル50室）●2016年4月開業 MAP P115F4

仙台駅東口

えーえぬえーほりでい・いんせんだい

ANAホリデイ・イン仙台

快適なシモンズ製の広々ベッド

20㎡以上の開放的な客室が人気のホテル。上質な睡眠の提供にこだわり、全室にシモンズ製のベッドを採用。シングルルームでもダブルサイズのベッドで、のびのびとゆっくり眠れる。DATA☎022-256-5111 住仙台市若林区新寺1-4-1 ¥シングル8500円～、ツイン1万2000円～ IN14時、OUT11時 交JR仙台駅から徒歩6分 送迎なし P契約駐車場あり（1泊1260円）室全165室（シングル62室ツイン73室ダブル16室その他14室）●2022年5月改装 MAP P113E3

本町

みついがーでんほてるせんだい

三井ガーデンホテル仙台

充実の設備とセキュリティが評判

館内は北欧風のシンプルな内装で、最上階には宿泊者専用の大浴場（無料）がある。客室だけではなく、エレベーターや大浴場にもカードキーを使ったセキュリティシステムを導入。DATA☎022-214-1131 住仙台市青葉区本町2-4-6 ¥要問合せ IN15時、OUT11時 交地下鉄南北線広瀬通駅からすぐ 送迎なし P近隣駐車場案内（要問合せ）室全224室（シングル76室ツイン52室ダブル96室）●2009年7月開業 MAP P114B2

仙台駅から歩いて5分。仙台の台所「仙台朝市(せんだいあさいち)」って?

野菜に果物、鮮魚に珍味。多彩な食材が所狭しと並ぶ仙台朝市。活気ある雰囲気を楽しみながら、仙台ならではの食材を探してみよう。

この魚介に注目です

カキ
旬…10月下旬～2月下旬
三陸のカキは小振りながらも濃厚な味が特徴。

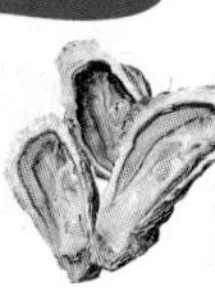

ホヤ
旬…6～8月頃
新鮮なホヤはクセが少なく、甘みが強い。

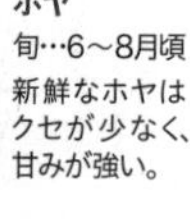

マグロ
旬…通年
マグロの水揚げも盛んな宮城では、本マグロやメバチマグロなど種類を変えて通年並ぶ。

コチラで購入できます

松や(まつや)

大正時代創業の老舗で、近隣の日本料理店も買い付けに訪れる。宮城県各地の鮮魚を中心に、寿司も販売している。☎022-266-7877 住仙台市青葉区中央3-8-5 ⏲9～18時 休日曜、祝日

▲名称は"朝市"だが、営業は夕方まで。威勢のいい声が飛び交う

昔ながらの賑やかな市場でおいしい宮城の食材を発見

高層ビルが立ち並ぶ仙台駅西口駅前に、今も昔ながらの市場が残る。100mほどの道の両側に、約60軒の店がひしめく仙台朝市は、昭和20年(1945)頃に誕生。空襲で焼け野原になった駅前に、日用品を売る露店が並んだのが始まりだ。仙台朝市でぜひチェックしたいのが、宮城県産の食材。野菜では、雪菜など仙台伝統野菜が注目を集めている。栽培に手間がかかるので生産量は少ないが、どの野菜も甘みがありやわらかいのが特徴だ。また、近海の新鮮な魚介も魅力。世界三大漁場のひとつでもある三陸沖から、1年を通して多様な魚が入ってくる。知識豊富なスタッフとの会話を楽しみながら、これぞという一品を見つけてみて。

☎022-262-7173(仙台朝市商店街振興組合) ⏲8～18時頃(店舗により異なる) 休日曜、祝日(一部店舗は営業) 交JR仙台駅から徒歩5分 Pなし MAP P115D4

この野菜に注目です

仙台白菜
旬…11～3月頃
明治時代、中国から伝わる。葉がやわらかく、漬け物に最適。

仙台曲がりねぎ
旬…9～3月頃
二度植え換える「やとい」で栽培。葉肉がやわらく甘みがある。

仙台雪菜
旬…11～2月頃
霜に当たると甘みが増し、苦みと調和する。独特の風味に。

コチラで購入できます

今庄青果 東四店(いましょうせいか とうよんてん)

地場産の野菜や果物が種類豊富に並ぶ青果店。特に仙台伝統野菜の販売に力を入れており、品揃えが充実している。☎022-213-9846 住仙台市青葉区中央4-3-1 ⏲8～18時 休日曜、祝日

朝市の名物グルメをいただきましょう

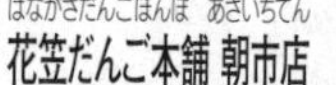

花笠だんご本舗 朝市店(はながさだんごほんぽ あさいちてん)

豆と米にこだわりぬいた作りたてのずんだだんご1本150円は、枝豆本来の風味ともちもちとした食感を楽しめる。☎022-261-7803 住仙台市青葉区中央4-3-27 ⏲9～15時 休日曜、祝日

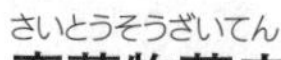

Picks Salad(ぴっくす さらだ)

朝市野菜などトッピングを選び、サラダをその場で作ってもらえる。Mサイズ750円、Lサイズ880円。☎022-263-5820 住仙台青葉区中央4-3-1 ⏲7時30分～朝市終了時間まで 休日曜、祝日

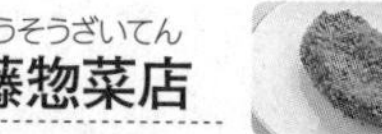

齋藤惣菜店(さいとうそうざいてん)

約20種の揚げ物が並ぶ。ほんのり甘いじゃがじゃがころっけ1個90円は、1日1500個以上売れる人気の一品。☎022-267-1569 住仙台市青葉区中央4-3-27 ⏲9～17時 休日曜、祝日

牛たん、ずんだ、海鮮丼…仙台グルメの実力を体験！

海にも山にも近い仙台には、おいしい食材がたくさんあります。
牛たん、ずんだ、冷やし中華などのご当地グルメはもちろん、
新鮮魚介がたっぷりの海鮮丼&寿司、華やかなスイーツなど、
仙台の人気グルメをお腹いっぱい堪能しましょう！

ぜったい食べたい仙台の定番グルメ 名物・牛たん焼きを有名店で味わう

仙台名物の牛たん焼きは、仙台駅を中心に有名店が点在。
炭火で焼くジューシー＆肉厚の絶品を、堪能しに行きましょう！

牛たん定食
2000円前後～

産地にこだわる牛たんを厚切りにカット。4～6枚から選べる。

▲厚切りの牛たんを定食でいただこう

仙台の牛たん焼き、発祥はいつ？

昭和23年（1948）、太助初代店主の佐野啓四郎（さのけいしろう）が、フランス料理のタンシチューから着想を得て牛たん焼きを考案。当初は串焼きとして出していたが、のちに麦飯とテールスープが付く現在の定食スタイルに。

国分町

うまみたすけ
旨味太助

初代から受け継ぐ伝統の味
絶妙な塩加減の手仕込み牛たん

初代・太助の技を受け継ぐ店。牛たんは手作業で仕込み、塩コショウのみでシンプルに味付けて、炭火で一気に焼き上げる。24時間かけて煮込む長ネギたっぷりのテールスープも美味。

☎022-262-2539 住仙台市青葉区国分町2-11-11 🕒11時30分～20時（牛たんがなくなり次第終了）休月曜（祝日の場合は翌日）交地下鉄南北線勾当台公園駅から徒歩3分 Pなし MAP P114A1

❶一本杉のカウンターが存在感あり。テーブル席と座敷もある
❷仙台で70年以上営業する老舗で肉本来のうま味を堪能

牛たん焼き定食にはコレがつきます。

＋

＋

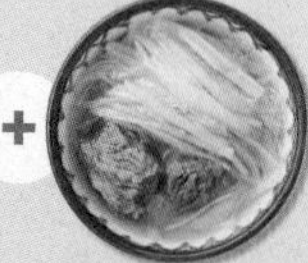

牛たん焼き
たん焼きは厚切り＆大きめなのが特徴。漬物と唐辛子味噌が付くのが一般的。

麦ご飯
白米に比べて食物繊維やビタミンも豊富。牛たん焼きとの相性もいい。

テールスープ
牛のしっぽをぶつ切りにして長時間煮込んだ、塩味のあっさりスープ。

食べ歩きなら牛たん焼きMAPを入手してから！

牛たんの店が多くある仙台駅中心。どこに行くか迷ったときは、仙台牛たん振興会が発行している「牛たん焼き お店マップ」を入手しよう。仙台駅構内にある仙台市観光情報センターなどで配布している。

仙台駅西口

ぎゅうたんすみやきりきゅう にしぐちほんてん

牛たん炭焼利久 西口本店

極厚カットの軟らか牛たん

仙台市内に20店舗以上を構える人気店。軟らかな根元の部分を分厚くカットした牛たん「極」定食が看板。牛たんアレンジメニューも豊富に揃う。

☎022-266-5077 住仙台市青葉区中央1-6-1ハーブ仙台ビル5階 ⓛ11時30分～14時30分LO、17～22時LO 休無休 交JR仙台駅から徒歩5分 Pなし MAP P115E2

牛たん極定食(3枚6切)
3267円

ジューシーで分厚い牛たんは、サクッと噛み切れる軟らかさ。

▲広々としたモダンな店内。休日には行列ができることも

仙台駅構内

あじのぎゅうたんきすけ じぇいあーるせんだいえきてん

味の牛たん喜助 JR仙台駅店

牛たん本来のうま味をしお味で

昭和50年(1975)創業時から昔ながらの味にこだわる老舗。4種類の牛たん料理を1度に味わえる、仙台限定の人気メニュー「スペシャル厚焼セット」3454円もおすすめ。

☎022-221-5612 住仙台市青葉区中央1-1-1JR仙台駅3階牛たん通り内 ⓛ11時～21時30分 休無休 交JR仙台駅内 P契約駐車場利用(有料) MAP P115E3

職人仕込 特切り厚焼定食(3枚6切) 3520円

1枚ずつ職人が手仕込みし、うま味を閉じ込めるように熟成させた牛たんは絶品。

▲仙台駅3階の牛たん通り内という好立地の店

仙台駅構内

あおばてい えすぱるせんだいてん

青葉亭 エスパル仙台店

香り際立つ柚子胡椒味も人気

モダンな牛たん専門店。牛たん焼きの味付けは、塩、柚子胡椒、ミックスから選べる。なかでもオリジナルの柚子胡椒味が評判で、爽やかな辛さが牛たんのうま味を引き立てる。

☎022-212-8027 住仙台市青葉区中央1-1-1エスパル仙台本館地下1階 ⓛ11～21時LO 休不定休 交JR仙台駅構内 Pなし MAP P115E3

青葉亭セレクトメニュー
2300円

牛たん焼きとあと一皿は、牛たんカレーもしくは牛たんシチューから選べる。

▲おしゃれで明るい店内。女性一人でも利用しやすい雰囲気

持ち帰り用の牛たんを販売している店も多く、名店の味を家庭でも楽しめます。

アレンジメニューもお試しあれ 地元っ子御用達の牛たん人気店

牛たん人気店がひしめく仙台では、各店が知恵を絞ったアレンジメニューにも注目！定番の牛たん焼きだけでなく、さまざまな牛たんの魅力にチャレンジしてみよう。

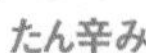

たん辛み
550円
たん先を甘辛く煮込んだ一品。麦飯のおともや酒の肴に人気。

一番町
せんだいぎゅうたん たか

仙臺牛たん 貴

お酒に合う隠れた人気メニュー

オーストラリアの指定牧場から取り寄せた牛たんを使用。肉の状態に合わせて焼き加減を調整するなど、丁寧な仕事ぶりが光る。牛たん焼きはもちろん、たん辛みやテール焼き1350円など一品料理も人気。

☎022-213-3533 住仙台市青葉区一番町4-5-34 🕒11時30分～14時、17～23時 休水曜 交地下鉄南北線勾当台公園駅から徒歩2分 Pなし MAP P114B1

牛たん焼きはこちら！
牛たん定食 2700円

店内はカウンターとテーブル2卓

ほろほろ牛タン
1870円
箸でほぐれるほど軟らかい厚切り牛たん。ワサビとの相性も抜群。

仙台駅東口
ぎゅうたんやきせんもんてん つかさ ひがしぐちてん

牛タン焼専門店 司 東口店

牛たんもスープもうま味たっぷり

厳選されたオーストラリア産の牛たんは、軟らかく味わい深い。木炭は火力の強い国産の炭を使用、テールスープは5時間以上煮込むなど、細部までこだわりをもつ。牛たんアレンジメニューも豊富だ。

☎022-298-7388 住仙台市宮城野区榴岡1-2-37 🕒11～14時、17時～22時30分LO 休不定休 交JR仙台駅から徒歩5分 Pなし MAP P115F4

牛たん焼きはこちら！
牛たん定食 3枚6切2332円～

開放感があり、活気のある店内

たんシチュー
1200円
トマトベースのシチュー。とろける食感の角切り牛たんがたっぷり入る。

一番町
すみやきぎゅうたん おやま

炭焼き牛たん おやま

こだわりのたんシチュー

アーケード街から一本入った路地裏にある店で、地元のファンが足繁く通う。1992年の開業以来こだわり続けるたんシチューをはじめ、しそチーズ揚げ1000円などのメニューが揃う。

☎022-264-1780 住仙台市青葉区一番町3-7-20 🕒11時30分～13時30分、17～21時 休月曜（祝日の場合は翌日）交地下鉄南北線広瀬通駅から徒歩5分 Pなし MAP P114B2

牛たん焼きはこちら！
極上牛たん定食 2800円

カウンターと小上がりのみの小ぢんまりとした店

テールスープを使用したラーメンもあります！

「たん焼き 山梨」では、テールスープラーメン780円が人気（提供は13時～、数量限定、夏期休止の場合あり）。試行錯誤を重ねて完成させたスープは、コクがありあっさりとしたおいしさ。
☎022-262-1621 MAP P114B1

ゆで牛たん
2250円
一昼夜煮込んだ軟らかい牛たん。マスタードかわさび醤油で。

一番町

おうしゅうせんだい しちふく・ぎゅうたんのいっせん

奥州仙台 七福・牛たんの一仙

箸で切れるほどトロトロ！

フレンチ出身のシェフが作る多彩なアレンジメニューが評判。デミグラスソースの牛たんシチュー2250円など、ワインとも相性抜群の料理が揃う。

☎022-265-1935 住仙台市青葉区一番町4-3-3金富士ビル地下1階 ⏰11～15時、17～24時LO（土曜、祝日は11～23時LO、日曜、連休最終日は11時～21時30分LO）休無休 交地下鉄南北線広瀬通駅から徒歩3分 Pなし MAP P114B2

牛たん焼きはこちら！
牛たん定食
2550円

和風の店内は気取らない雰囲気。お酒は和洋揃う

たんたたき
3080円
炭火で香ばしく仕上げる。オリジナルのタレも絶妙。提供は夜のみ。

一番町

ぎゅうたんりょうり かく ぶらんどーむほんてん

牛たん料理 閣 ブランドーム本店

とろける食感のたたき

牛たんは、厳選したもののみを使用。たんたたきには、特に脂がのった部分だけを使うため、とろけるような食感。丁寧に下ごしらえしたたん焼きは、サクッとした歯応えでジューシー。

☎022-268-7067 住仙台市青葉区一番町3-8-14鈴喜陶器店地下1階 ⏰11時30分～14時30分、17時～22時30分 休日曜 交地下鉄南北線広瀬通駅から徒歩5分 Pなし MAP P114B3

牛たん焼きはこちら！
牛たん焼き定食
4枚2398円～

檜のテーブル席とゆとりあるカウンター席

炭火焼き牛たんソーセージ
495円
炭火でジューシーに焼き上げた牛たん入りソーセージは定番人気。

仙台駅西口

たんやぜんじろう せんだいえきまえほんてん

たんや善治郎 仙台駅前本店

宮城の地酒と牛たんで乾杯

職人の手仕込みによる牛たんは、おつまみや一品料理などのアレンジ料理も豊富に揃う。牛たんの餃子や地元の人に人気の厚切り牛たんラーメン990円など、どれも試してみたいメニューばかり。牛たん定食2090円～。

☎022-723-1877 住仙台市青葉区中央18-38 AKビル3階 ⏰11～23時（変更の場合あり）休無休 交JR仙台駅から徒歩1分 Pなし MAP P115E2

牛たん焼きはこちら！
牛たん定食
4枚8切2585円

駅前という好立地の店なので立ち寄りやすい

炭焼き牛たん おやまのたん刺し3000円など、お酒に合う料理を揃える店も多く、夜は居酒屋感覚で楽しめます。

溢れる肉汁にうっとり 奮発して憧れの仙台牛に舌鼓

霜降りと赤身のバランスが絶妙な最高級ブランド牛「仙台牛」。
ステーキ、焼肉、すき焼と楽しみ方もいろいろ。とろける味わいに感動！

一番町

はなぎゅう

花牛

高級店の贅沢な焼肉で 肉のうま味をとことん味わう

仙台牛銘撰に認定された焼肉店。店内は個室のみで、上質な仙台牛のサーロインやヒレなどの部位を食べられるコースメニューを中心に提供。喧噪を忘れられる、贅沢なプライベート空間でいただこう。

☎022-266-7716 住仙台市青葉区一番町1-9-1 仙台トラストシティ2階 ⏲11時30分～14時LO、17～21時LO 休火・水曜 交JR仙台駅から徒歩9分 P契約駐車場利用 MAP P113D3

仙台牛コース 1万3400円～
タンやハラミ、カルビなどの塩焼き盛り合わせのほか、特選サーロイン、シャトーブリアンなどが付く。ご飯ものは6種類から選べる。

▲店内は個室8室のみ。予約しておくのがベター

こちらもチェック

冷麺 1078円
盛岡スタイルで提供。コースのご飯ものとして選ぶことも可能

和牛特選厚切り塩タン 4840円
贅沢に厚切りされた牛たんも人気メニュー

国分町

てっぱんやき すていきこじろう

鉄板焼 すていき小次郎

卓越した技で提供する鉄板焼

厳選した食材を、料理人の卓越した技術で提供する鉄板焼店。目の前で焼き上げてくれるコースは、ショーを見ているかのような美しさ。足しげく通う地元の人も多いという、仙台グルメ通お墨付き店だ。

☎022-265-9449 住仙台市青葉区立町15-3 ⏲11時30分～14時LO、17時～21時30分LO 休無休 交地下鉄南北線勾当台公園駅から徒歩10分 Pなし MAP 112C2

極上仙台牛コース 1万8988円
長時間低温熟成させた仙台牛は、とろけるような軟らかさ。コースに付くスープやサラダも小次郎特製。

こちらもチェック

活鮑コース 1万7186円
宮城県産のアワビや魚介を鉄板焼で味わえるコース。絶妙な焼き加減で提供

▶坪庭を望めるカウンターのほか、個室もある

モダンな店内で味わう仙台牛ハンバーグ

地元食材を使用した創作和食を提供する「今人懐石（いまじんかいせき） yas（やす）」。ランチ限定の特選仙台牛ハンバーグステーキ・ランチ2800円（写真）は、仙台牛の旨味を最大限に引き出している。
☎022-265-3155 MAP P112C2

上杉

すきやき・かっぽう かとう

すき焼・割烹 かとう

精肉店の直営店ですき焼を

精肉店直営の割烹料理店なので、鮮度も値段も大満足間違いなし。特にランチはリーズナブルな設定で、牛生姜焼ランチ1100円やすき焼膳1430円などを提供。

☎022-225-4129 住仙台市青葉区上杉1-14-20 上杉パークマンション1階 ⏰11時30分～14時LO、17時～20時45分LO 休日曜、祝日 交地下鉄南北線北四番丁駅から徒歩3分 Pなし MAP P113D1

こちらもチェック

ステーキ膳 3300円
仙台牛のモモ肉約120gを使用。自家製の甘辛ダレとの相性も抜群！

◀和の趣がある店内。小上がりもある

仙台牛すき焼（リブロース）コース 8250円～
A5ランクの仙台牛リブロース肉を使用したすき焼。先付け、前菜、刺身、デザートなどが付く。

仙台牛カルビランチ 1850円
うま味たっぷりのカルビにライス、スープ、サラダが付く。15時までの提供。

こちらもチェック

カルビクッパ（ハーフ）＆冷麺（ハーフ）1100円
仙台牛の牛骨を8時間煮込んで作るスープが美味。ランチタイム限定メニュー

▶テーブル席と座敷がある店内

一番町

やきにくはうす ばりばり いちばんちょうてん

焼肉ハウス バリバリ 一番町店

ブランド牛をお手頃ランチで

A5ランクの仙台牛をリーズナブルに楽しめる焼肉店。ランチメニューのほか、単品やコース料理も用意。

☎022-265-0386 住仙台市青葉区一番町4-5-9 ⏰11時30分～22時 休火曜（祝日の場合は翌日） 交地下鉄南北線勾当台公園駅から徒歩5分 Pなし MAP P114B2

本町

せんだいあびるゔぁんわぎゅう

仙臺アビルヴァン和牛

黒毛和牛専門店で極上ステーキ

仙台牛などの国産最上級A5ランク和牛を扱う専門店。長年の経験をもつシェフが焼き上げる極上のステーキを、旬を取り入れたコースでぜひ。

☎022-261-3232 住仙台市青葉区本町3-6-3 ⏰11時30分～14時LO、17時30分～20時30分LO 休月曜（祝日の場合は翌日） 交地下鉄南北線勾当台公園駅から徒歩6分 Pなし MAP P113D1

こちらもチェック

デザート（コース内メニュー）
シーズンで替わるスイーツもすべて店で手作り。夏はアイスが多い

◀クラシカルで落ち着いた雰囲気の店内

Bステーキコース 4840円
熱々の鉄板の上にのるステーキはノンカットで提供。好みの大きさにカットして味わおう。

宮城県の良質な稲わらをたっぷり与えられた仙台牛。厳しい条件をクリアした肉は、軟らかな食感とまろやかな味わいが特徴です。

トレピチ魚介がたっぷり！ 寿司&海鮮丼を召し上がれ

仙台港や塩釜港、石巻港で水揚げされた三陸の海の幸は外せません。ランチなら握りでもリーズナブルに食べられる店もあるので要チェック！

仙台では どんなネタが味わえる？
三陸沖などの豊かな漁場が近いため、新鮮な状態でマグロやアナゴ、ウニなど多様なネタが登場する。

三陸づくし
5貫 1200円
マグロやみやぎサーモンなど、新鮮な三陸魚介を贅沢に使用。

仙台駅西口
おさかなせんたー いちのいち
おさかなセンター イチノイチ

産地直送の鮮魚を多彩に調理

三陸の新鮮な魚介類をさまざまな調理法で楽しめる人気店。職人が握る寿司は1貫から注文可（110円～）。寿司の盛り合わせやこぼれ寿司もある。そのほか、金華さば焼や三陸かきフライなど一品料理も充実。海鮮料理と相性のいい宮城の地酒やクラフトビールも豊富に揃えている。

☎022-226-8183 住仙台市青葉区中央1-1-5 1・2階 ⏰16～23時LO(土・日曜、祝日は11時30分～) 休無休 交JR仙台駅から徒歩5分 Pなし MAP P115E4

◆予算目安
昼1名1500円～
夜1名4000円～

▶囲炉裏をイメージしたカウンター席などがある

仙台駅構内
せんれいずし せんだいえきいっかいてん
仙令鮨 仙台駅1階店

鮮魚店直営の駅ナカ寿司店

鮮魚店が手がける寿司店で、ネタケースには種類豊富な新鮮魚介が並ぶ。リーズナブルな価格も魅力で、お昼時には行列ができることも。数量限定のお得なランチは平日11～14時LOで提供。握りのほか、海鮮丼も人気。駅3階のすし通りには立食スタイルの系列店もある。

☎022-224-0170 住仙台市青葉区中央1-1-1仙台駅1階 ⏰11時～20時30分LO 休無休 交JR仙台駅構内 Pなし MAP P115E3

◆予算目安
昼1名1200円～
夜1名平均3000円

ランチあおば
1350円
ふわふわのアナゴなど握り10貫が付く。

一番町
しんとみずし
新富寿司

魚本来の味を生かす

文化横丁（☞P125）にあるアットホームな雰囲気の、隠れ家のような店。店主親子との会話が弾むカウンター席が人気だ。本マグロなど近海でとれた季節の魚介を使った寿司はもちろん、煮物や焼き物などでも提供している。宮城の地酒も各種揃っている。

☎022-222-2594 住仙台市青葉区一番町2-4-12 ⏰18～23時 休日曜、祝日 交地下鉄東西線青葉通一番町駅からすぐ Pなし MAP P114B3

◆予算目安
夜1名平均8000円

おまかせにぎり
4950円
親方のおすすめの旬の握りが堪能できる。10貫程度。

平日ランチ限定！
駅でいただく
お手頃メニュー

気仙沼に本店を構える「気仙沼あさひ鮨仙台駅店」の平日限定のランチメニューもチェック。海鮮丼（お椀付き）は10種以上のおすすめネタがのって1800円。ランチタイムは10～14時。
☎022-722-3326 MAP P115E3

一番町
ふうきずし
富貴寿司

県内産の魚を贅沢に盛り付け

昭和23年（1948）創業の寿司店。石巻から直送される魚介を中心に使用した寿司や海鮮丼が揃う。仙台づけ丼は、旬の魚介が7種類以上のった豪華版。シャリの上に刻んだカンピョウとガリがのっているので、食感がよく、後味もさっぱりしている。

☎022-222-6157 住仙台市青葉区一番町4-4-6 ⏰11時30分～14時、17～22時 休日曜、祝日 交地下鉄南北線勾当台公園駅から徒歩5分 Pなし MAP P114A2

◀掘りごたつの座敷席もある

◆予算目安
昼1名880円～
夜1名平均5000円

海鮮丼

仙台づけ丼 1760円
注文を受けてからタレを絡めるので、白身魚の味を存分に楽しめる。

仙台づけ丼とは?
宮城の魚介をPRしたいと考案。県内産白身魚を使うのが決まりで、仙台・宮城の寿司店で食べられる。

一番町
おすしとしゅんさいりょうり たちばな
お寿司と旬彩料理 たちばな

季節の魚介が山盛りに！

ジャズが流れるおしゃれな店で、伝統の味を守りながら、カリフォルニアロール770円などさまざまなメニューが並ぶ。セレクトランチ1320円など、女性好みのランチもおすすめ。

☎022-223-3706 住仙台市青葉区一番町3-3-25たちばなビル5階 ⏰11時30分～14時LO、17～21時LO 休不定休 交地下鉄東西線青葉通一番町駅からすぐ Pなし MAP P114B3

◆予算目安
昼1名1200円～
夜1名平均3000円

仙台づけ丼 1870円
錦糸玉子の上に、醤油ベースのタレに漬け込んだ魚介がどっさりのる。

仙台駅西口
くいどころ あずまや
喰い処 東家

旬の魚介が満載の人気丼

気仙沼や石巻で水揚げされた新鮮な魚介を中心に使用。仕入れ状況でネタが変わることから名付けられたランチ限定の「おみくじ丼」が人気。夜は東北の地酒も楽しめる。

☎022-211-5801 住仙台市青葉区中央3-8-5 新仙台駅前ビル地下1階 ⏰11～14時（売り切れ次第終了、ランチは予約不可）、17時～21時30分LO 休日曜 交JR仙台駅から徒歩5分 Pなし MAP P115D4

◆予算目安
昼1名1200円～
夜1名4500円～

おみくじ丼 1200円～
旬の魚介が約8種類。売り切れ次第終了なのでお早めに！

同じ食材でも職人の技で違った味わいに。アナゴやウニ、ホタテなど、店によって握り方が異なるので注目してみて。

仙台生まれの冷やし中華 華麗な一皿をいただきます

冷やし中華発祥の地といわれる仙台で彩り豊かな一皿はいかが？
豪華な具とまろやかな味を楽しんで、お気に入りを見つけましょう。

まろやかなタレと
豪華な具材が人気です

涼拌麺（りゃんばんめん） 1540円
クラゲや蒸し鶏、錦糸玉子など数種類の具材が別盛りで付いてくる。

錦町

ちゅうごくりょうり りゅうてい

中国料理 龍亭

冷やし中華誕生の立役者

冷やし中華誕生の中心となった老舗。当時の名を冠した涼拌麺は果汁を加えたまろやかなタレが評判で、彩り豊かな具材も特徴。メニュー名は当時のままだが、味付けなどは現代版。醤油味とゴマ味の2種類がある。持ち帰り用6食入り3240円も販売。

☎022-221-6377 住仙台市青葉区錦町1-2-10 ⏰11時30分～14時30分、17時30分～20時30分（平日の夜は5名以上のコースのみ予約営業）休水曜 交JR仙台駅から徒歩10分 Pなし MAP P113D1

落ち着いた印象の内装

仙台冷やし中華の歴史

夏場にラーメンが売れずに困っていた中華業界で、龍亭初代が昭和12年（1937）に生み出したのが、冷やした麺に、酢を加えた醤油ダレをかけた涼拌麺（りゃんばんめん）。当時の具材は茹でたキャベツやトマトで、酸味の利いた味で人気になった。

昭和20年代後半、冷やし中華の宣伝隊が町を練り歩いた

国分町

ちゅうごくびてんさい さいか

中国美点菜 彩華

老舗中国料理店の豪華な一皿

大正14年（1925）創業の本格中国料理店。創業者は中華組合とともに涼拌麺誕生に尽力した。現在の冷やし中華は、クラゲやカニなど8種類の具材で麺が隠れてしまうほどの豪華版。醤油ダレとゴマダレの2種類がある。☎022-222-8300 住仙台市青葉区国分町2-15-1 ⏰11時30分～15時、17～21時LO 休月曜 交地下鉄南北線勾当台公園駅から徒歩2分 Pなし MAP P114A1

醤油ダレとゴマダレ
いずれもおいしさ◎

クラゲ入りの五目冷やし中華 1540円
醤油ダレには数種類の中国果実酒が使われており、奥深い味わい。

テーブル席のほか個室席もある

こちらも仙台生まれ！マーボー焼きそばも食べ比べ！

冷やし中華のほかにも、仙台市内の中国料理店で味わえるのが「マーボー焼きそば」（☞P58）。彩華や東洋軒本店（写真）などでも提供しているので、冷やし中華と合わせてチェックしよう！

伝統のストレート麺とゴマダレが絶妙です

冷やし中華 1150円
白ゴマのペーストに自家製マヨネーズを加えたゴマダレが特徴。

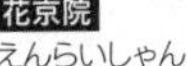

花京院
えんらいしゃん
燕来香

油控えめでヘルシーな味を

地元の食材や台湾直送の食材を使用し、台湾出身の料理長が腕を振るう。風味豊かでコクがあるゴマダレの冷やし中華が評判。

☎022-262-7147 住仙台市青葉区花京院1-1-30 ニューライフマンション花京院地下1階 🕒11時30分～22時LO 休無休 交JR仙台駅から徒歩8分 Pなし MAP P115E1

店内は広々とした造り

魚介ダシのスープと13種の豪華具材をどうぞ

五目冷し中華 1200円
細縮れ麺と醤油ダレの組み合わせ。シンプルな冷やし中華880円も。

国分町
とうようけんほんてん
東洋軒本店

お酒の後に食べたい一皿

国分町の中心部にあり、平日は明け方まで営業しているので、お酒のシメにぴったり。冷やし中華はあっさりとしながらもコクのある醤油味。

☎022-261-5565 住仙台市青葉区国分町2-3-19 🕒11時30分～午前3時45分（日曜、祝日は～21時45分）休無休 交地下鉄南北線広瀬通駅から徒歩10分 Pなし MAP P114A2

店内はテーブル席のみ

元祖冷やし中華 760円
特注のストレート玉子麺200gとボリューム満点！

輪切りのパインがアクセント！

大町
こうりゅう おおまちてん
紅龍 大町店

多彩な冷やし中華を楽しめる

昔ながらのスタイルで楽しめる「元祖冷やし中華」が看板メニュー。リンゴ酢を加えた醤油ダレは、ほどよい酸味が絶妙。そのほか、全部で6種類の冷やし中華を揃えている。

☎022-222-9908 住仙台市青葉区大町2-7-15 🕒11～15時、17～22時（祝日は17～21時）休日曜 交地下鉄東西線大町西公園駅から徒歩4分 Pなし MAP P112C3

メニューが豊富な中華料理店

シャキシャキ食感が楽しいリーズナブル冷やし

冷し中華 880円
タレは醤油味でまろやか。麺と具材がマッチして満足度も高い。

国分町
ちゅうごくりょうり とうりゅうもん
中国料理 東龍門

普段使いのカジュアル店

昭和45年（1970）創業の中国料理店。モヤシやキュウリがたっぷり入った冷し中華が人気。ランチタイムは近隣の会社員などで賑わう。

☎022-215-8181 住仙台市青葉区国分町3-3-7東京エレクトロンホール宮城2階 🕒11時～20時30分 休水曜 交地下鉄南北線勾当台公園駅から徒歩4分 P12台（有料）MAP P112C2

窓際の席は定禅寺通を望める

仙台の郷土料理といえる冷やし中華。そのほか松島のカキや気仙沼のフカヒレなど、仙台では宮城の名産を存分に味わえます。

グルメの街でみつけた仙台・宮城のローカルフード

グルメの街・仙台にはご当地グルメがまだまだいっぱい！
人気店で味わえる宮城県内のソウルフードもチェックしましょう。

仙台駅西口

ちゅうごくりょうり こうふくきっしょう しーろん

中国料理 口福吉祥 囍龍

市内の中国料理店のまかないが始まりというマーボー焼きそばは、今や仙台名物のひとつ。同店でも、しびれるような辛さの四川麻婆豆腐をのせた焼きそばが人気。☎022-212-4606 住仙台市青葉区中央1-2-3 仙台パルコ1階 ⓛ11時30分～14時30分LO、17～22時LO(日曜、祝日は21時30分LO) 休無休 交JR仙台駅からすぐ Pなし MAP P115E2

◀カウンター、テーブル、ソファ席と多彩。個室もある

辛みのきいたマーボーをのせたご当地焼きそば

仙台麻婆焼きそば　1320円
外はパリッ、中はモチッとした麺の食感。土鍋での提供は夜のみ。ランチタイムは1090円

仙台産の雪菜を練り込んだ緑色のヘルシー餃子

あおば餃子（5個）439円
厚めの皮でモチモチの食感。仙台味噌を使った特製辛味噌ダレと好相性！

一番町

いちばんごろう

一番五郎

仙台伝統野菜の雪菜を練り込んだ仙台あおば餃子を提供。皮にも餡にも仙台産雪菜をたっぷりと使用し、雪菜ならではのほのかな甘みと苦みを感じられる。☎022-222-8808 住仙台市青葉区一番町2-3-30 ⓛ11～15時、17～24時(日曜はランチのみ) 休無休 交地下鉄東西線青葉通一番町駅から徒歩3分 Pなし MAP P114B4

▶昼はラーメン専門店、夜は餃子居酒屋として営業

日本一に輝いた「HACHI」のナポリタン

名取や仙台に店を構えるハンバーグレストラン「HACHI」では、ナポリタンの大会でグランプリを獲得した味を提供。ハンバーグナポリタン1760円など。☎022-796-8225(HACHI仙台駅店) MAP P115E3

仙台駅西口

せんだいせりなべとこしつわしょく せりそうあん

仙台せり鍋と個室和食 せり草庵

新鮮な仙台せりを使った鍋が名物。焼きアゴなどを使ったダシにさっとくぐらせて、豊かな香りとシャキシャキの食感を楽しもう。シメはご飯、餅、そば、うどんから選べる。☎022-217-1660 住仙台市青葉区中央3-6-12 仙台南町通りビル2階 ⏰15時～21時30分LO 休無休 交JR仙台駅から徒歩3分 Pなし MAP P115D3

仙台せりを存分に楽しめる！風味、食感が絶妙なご当地鍋

合鴨の仙台せり鍋 2200円
せりは名取市や岩沼市産を中心に使用。9月下旬～4月は根っこが付く

◀全室個室。宮城・東北の旬の味覚をゆっくり味わえる

特製おでんダシが染み込んだ油麩丼

油麩丼 715円
登米特産の油麩を卵でとじた郷土料理。ダシが染み込んだ油麩の食感、うま味が絶妙

一番町

おでんさんきち

おでん三吉

昭和24年（1949）創業の老舗おでん専門店。イワシの焼き干しと昆布のみで作るダシが自慢のおでん1品165円～はもちろん、宮城県登米市の郷土料理「油麩丼」も人気。☎022-222-3830 住仙台市青葉区一番町4-10-8 ⏰18～22時(金・土曜、10～4月は～23時) 休日曜、祝日 交地下鉄南北線勾当台公園駅から徒歩3分 Pなし MAP P114A1

▲1階にカウンター、2階に大広間、3階に個室がある

マーボー焼きそばの名店に気仙沼のご当地グルメが！

気仙沼ホルモン 950円
ニンニクがきいたホルモン焼きを、千切りキャベツと一緒に食べる気仙沼のソウルフード

北目町

ちゅうごくめしや ちくちく

中国めしや 竹竹

マーボー焼きそばの名店として知られる中国料理店。白モツやレバーなど種類豊富な豚ホルモンを香ばしく焼き上げた気仙沼ホルモンも隠れた人気。☎022-721-7061 住仙台市青葉区北目町2-22 ⏰11～14時、17時30分～22時（土曜は昼のみの場合あり） 休日曜、祝日 交地下鉄南北線五橋駅から徒歩5分 P2台 MAP P113D4

▲店名にちなみ竹を用いたインテリアが随所に

せりのシーズンは市内各店で趣向を凝らしたせり鍋が登場。せりの産地、名取市でも味わえます。

アレンジもいろいろあります ずんだスイーツでほっとひと息

ずんだスイーツはずんだ餡を団子や餅と一緒にいただく東北らしい素朴な甘味。
老舗の和菓子店の定番メニューから、洋風アレンジまでいろいろ楽しみましょう。

これが定番

ずんだ餅 870円
濃厚な風味の枝豆・山形県産だだちゃ豆を使用。2階で味わえる。

一番町

もりのかしょう たまざわそうほんてん いちばんちょうてん

杜の菓匠 玉澤総本店 一番町店

仙台の伝統を受け継ぐ老舗の和菓子店

だだちゃ豆や宮城県産のもち米など上質な素材を使う老舗和菓子店。ずんだ菓子のほか、黒砂糖まんじゅうなどみやげ品も多彩な品揃え。冬期限定のずんだしるこもある。

☎022-262-8467 住仙台市青葉区一番町4-9-1かき徳・玉澤ビル1・2階 ◷販売10時30分～18時、喫茶11時30分～17時LO 休不定休 交地下鉄南北線勾当台公園駅から徒歩3分 Pなし MAP P114A1

2階がカフェスペースになっている

これが定番

ずんだ餅 840円
餅3個が隠れるほどに、ずんだ餡がたっぷりとのる贅沢さ。

仙台駅構内

ずんださりょう せんだいえきずんだこみちてん

ずんだ茶寮 仙台駅ずんだ小径店

ずんだをテーマにしたバラエティ豊かな和洋菓子

駅構内の和風カフェ。ずんだ餅（煎茶、塩昆布付）のほか、ずんだロールセットなど、ずんだがテーマのオリジナル和洋菓子が揃う。持ち帰り用のずんだロールケーキ1520円はおみやげにも人気。

☎022-715-1081 住仙台市青葉区中央1-1-1JR仙台駅3階 ◷9～21時（喫茶は10～18時LO）休無休 交JR仙台駅構内 Pなし MAP P115E3

仙台駅3階にあり、持ち帰り用も販売

これが定番

三色餅 840円
ずんだ餡、ゴマ餡、クルミ餡がセットになった三色餅が人気。

北目町

むらかみやもちてん

村上屋餅店

素朴なおいしさで愛される手作り餅菓子の専門店

明治10年（1877）から続く餅専門店で古くから地元で愛されている。餅も餡も手作りで商品は持ち帰り用が中心。添加物が入っていないのでその日のうちに食べよう。和風のイートインスペースでは、三色餅やづんだ餅790円などをお茶とともに味わえる。

☎022-222-6687 住仙台市青葉区北目町2-38 ◷9～18時（イートインは～17時30分）休不定休 交JR仙台駅から徒歩10分 Pなし MAP P113D4

三色餅は店内でのみいただける

ずんだってなぁに？

茹でた枝豆をすりつぶし、砂糖や塩で味付けしたものがずんだ餡。餅に絡めたずんだ餅は古くからおもてなし料理として親しまれている。山形県特産のだだちゃ豆だけで作るなど店舗ごとのこだわりも。

アレンジずんだ

白玉クリームあんみつ 693円
手作りのずんだ餡が人気のあんみつ。黒蜜か白蜜を選べる。

一番町

かんみどころ ひこいち

甘味処 彦いち

テイクアウトもできる 女性に人気の甘味処

すっきりとした甘さと食材のよさが評判の甘味処。枝豆を粗めにつぶした昔ながらのづんだ餅を味わえる、づんだ餅とお茶のセット770円も人気がある。店内は純和風の造りで、風情ある坪庭も必見。女性一人でも気軽に立ち寄れる落ち着いた雰囲気。

☎022-223-3618 住仙台市青葉区一番町4-5-41 ⏰11時 ～17時30分LO 休月曜（祝日の場合は翌日） 交地下鉄南北線勾当台公園駅から徒歩5分 Pなし MAP P114B1

店内は和の内装。坪庭に面した席も

アレンジずんだ

ずんだカタラーナ 350円
もなかに秘伝豆のずんだ餡、ずんだカタラーナ、白玉をはさんで味わう。

一番町

かんみどころ すずや

甘味処 すずや

吟味した素材で作る 個性豊かな和スイーツ

文化横丁（☞P125）にある甘味処で、宮城県角田市産の「秘伝豆」や京都宇治の高級抹茶「青嵐」など、厳選した素材で作るスイーツが評判。ずんだカタラーナやずんだのチーズケーキなど、趣向を凝らしたずんだスイーツに出合える。

☎022-748-5877 住仙台市青葉区一番町2-3-37 ⏰11～18時LO 休不定休 交地下鉄東西線青葉通一番町駅から徒歩5分 Pなし MAP P114B3

2階にイートインスペースがある

アレンジずんだ

プチずんだパフェ 450円
つぶつぶの食感を楽しめるずんだソフトとずんだ餅の組合せ。

仙台駅構内

きくすいあん ずんだちゃや

喜久水庵 ずんだ茶屋

老舗茶舗が生んだ テイクアウトスイーツ

大正9年（1920）創業の老舗茶舗「お茶の井ヶ田」が手がけるずんだ専門店。自社製の抹茶とずんだを組み合わせたメニューなどを取り揃える。新幹線改札そばのずんだ小径内にあるので、新幹線の乗車前に買い求める人も多い。

☎022-721-8861 住仙台市青葉区中央1-1-1JR仙台駅3階 ⏰9～21時 休無休 交JR仙台駅構内 Pなし MAP P115E3

喜久水庵のずんだ商品を販売

ずんだ茶寮では、ホイップクリームと特製ずんだソースをプラスしたずんだシェイク（エクセラ）499円（テイクアウト価格）も人気です。

おさんぽ途中に立ち寄りたい スイーツ自慢のおしゃれカフェ

仙台観光やショッピングの合間に、カフェに寄ってひと休み。
絶品スイーツを味わいながら、くつろぎの時間を過ごしましょう。

仙台駅西口

ぱてぃすりーあんどかふぇ みてぃーく くりすろーどてん

Patisserie&Cafe MythiQue クリスロード店

SNS映えするスイーツが並ぶ

バリスタとパティシエのきょうだいが営むカフェ。アートスムージーや3Dラテアートなど見た目も華やかなメニューが充実している。宝石のようなブルージュエルレアチーズケーキ-880円など、ケーキは常時20種類ほど揃える。

☎022-393-7738 住仙台市青葉区中央2-4-11 水晶堂ビル3階 ⏰11～19時（土・日曜、祝日は～18時）休不定休 交JR仙台駅から徒歩10分 Pなし MAP P114C3

アンティーク家具が配された店内▶

一番町

かずのり いけだ あんでぃう゛ぃでゅえる みなみまちどおりてん

kazunori ikeda individuel 南町通店

盛り付けにもひと工夫！心躍るフランス菓子

パリで修業を積んだパティシエが手がけるパティスリー。厳選した食材の風味はもちろん、食感や色彩にもこだわったケーキは、味も見た目も洗練された仕上がり。カフェスペースは5席あり、季節によってかき氷やしぼりたてモンブランも楽しめる。

☎022-748-7411 住仙台市青葉区一番町2-3-8 ⏰11～20時（土曜は10時～、日曜は～19時）休無休 交地下鉄東西線青葉通一番町駅から徒歩3分 Pなし MAP P114B4

白を基調にしたスタイリッシュな店▶

夜スイーツも楽しめるブックカフェ

あちらこちらに本が置かれ、読書を楽しみながら過ごせる「Café 青山文庫」。フードもスイーツも豊富で、珈琲醤油小豆ロールケーキなどオリジナリティあふれるメニューが揃う。

☎022-209-5115 MAP P115D2

仙台駅東口

いたがきほんてん ふるーつかふぇ

いたがき本店 フルーツカフェ

老舗青果物店が手掛けるカフェスイーツ

明治30年（1897）創業の仙台を代表する青果物の専門店。本店に併設のカフェでは、フルーツたっぷりのパフェやフレッシュジュースなどのほか、ランチメニューも提供。ショップには全国から集まる旬のフルーツや、ジャムなどの加工品が並ぶ。

☎022-291-1221 住仙台市宮城野区二十人町300-1 ⏲9～18時 休無休 交JR仙台駅から徒歩8分 P12台 MAP P113F2

県内外の果実が並ぶショップも▶

米ヶ袋

かふぇ もーつぁると あとりえ

café Mozart Atelier

川沿いのテラス席でのんびりティータイム

アンティークのテーブルや椅子が置かれた店内は、シックで落ち着いた雰囲気。晴れた日は、緑が茂るテラス席で過ごすのもおすすめ。ショコラデモーツァルトなどから選べるケーキセット850円～が人気。どれもシンプルな味で、コーヒー500円によく合う。

☎022-266-5333 住仙台市青葉区米ヶ袋1-1-13高田ビル地下1階 ⏲11～18時 休無休 交地下鉄東西線青葉通一番町駅から徒歩10分 P4台 MAP P113D4

カラフルな椅子が置かれたテラス席▶

仙台の洋菓子をみやげにしたい場合は、エスパル仙台東館の2階にも多くの洋菓子店が入っています。

酒どころ・東北の夜は 日本酒片手にオトナな時間を

米どころ宮城は酒どころでもある。風味豊かな地酒で一日をシメるのもあり。
銘酒によく合う地元産の食材を使った絶品料理と一緒に堪能しましょう。

▲夏場にはテラス席もオープン。店内は1階がテーブル席とカウンター、2階には個室もある。シーンに合わせて利用しよう

▲梁や柱などに土蔵のころの面影が残るモダンな店内

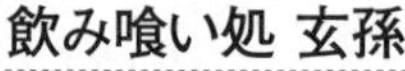

玄孫サラダ 880円
季節の野菜を使用したサラダは、すっきりとした味わいの伯楽星純米吟醸780円とともに

本町

のみくいどころ やしゃご

飲み喰い処 玄孫

土蔵をリノベーションしたおしゃれな空間で 和食と日本酒の融合を堪能

築160年以上の土蔵をリノベーションした隠れ家的な居酒屋。シンプルな料理は、地場の食材を使用したものが中心。東北をはじめ、日本各地の日本酒も豊富に揃っているので、食事に合わせた酒を楽しめるのも魅力。日本酒選びに迷ったら、スタッフに相談してみて。

☎022-397-6801 住仙台市青葉区本町2-8-1 ⏰16～23時 休日曜、祝日 交地下鉄南北線広瀬通駅から徒歩2分 Pなし MAP P114C1

国分町

おすとら で おーれ

Ostra de ole

三陸直送の絶品生ガキで乾杯

カキ漁師が営むオイスターバーで、石巻市雄勝産の朝どれ生ガキを味わえる。カキをはじめ、ムール貝やホヤなど三陸の新鮮な魚介類を使った料理が充実。ホヤは刺し、酢、蒸しで提供している（各550円）。

☎022-796-7579 住仙台市青葉区国分町2-1-3 エーラクフレンディアビル1階 ⏰17～24時（23時LO）休日曜 交地下鉄南北線広瀬通駅から徒歩5分 Pなし MAP P114A2

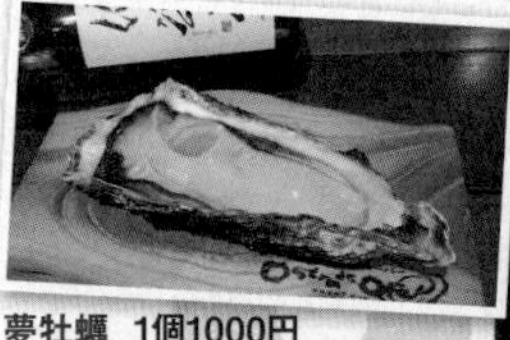

夢牡蠣　1個1000円
一口では食べきれないほど特大のカキ。4～7月限定（変更あり）

1 おまかせ盛り合わせ（生ガキ）10個2600円。1個300円～の生ガキが10個セットでお得に 2 スペインバルをイメージした店内。一年中カキを味わえる

新幹線に乗る前に
JR仙台駅で
日本酒をチョイ飲み

エスパル仙台東館2階「藤原屋みちのく酒紀行」には、宮城県を中心に東北の地酒を1杯100円で試飲できる自動販売機がある。改札の近くにあるので電車の待ち時間にもおすすめ。みやげも販売。☎022-357-0209 MAP P115E3

仙台牛炙り寿司
6貫1080円
一番人気のメニュー。炭火で炙った仙台牛を秘伝のタレで味わえる

天ぷらプチコース
5品1300円
揚げたてを一品ずつ提供。6品1600円のコースもある。2人前〜

定禅寺通

じょうぜんじどおりの わしょく むくとうや

定禅寺通のわしょく無垢とうや

▶定禅寺通のケヤキ並木を望める店内

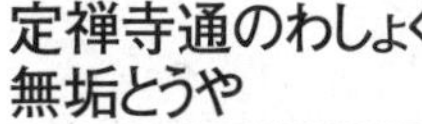

モダンな和食居酒屋で味わうセンスが光る料理の数々

旬の厳選食材を使った天ぷらや刺身、炭火焼などをモダンな雰囲気の店内で堪能できる。わら炙り刺や仙台牛炙り寿司など、オリジナリティあふれる料理も評判。ドリンクは、宮城・東北の日本酒や国産ワインを中心に揃えている。

☎022-263-6069 住仙台市青葉区国分町3-3-5 リスズビル2階 ⏰17〜24時 休月曜 交地下鉄南北線勾当台公園駅から徒歩5分 Pなし MAP P114A1

▲名物わら炙り刺950円〜。夏〜秋はカツオ、冬は金華さばなど、旬の魚を炙りで提供している。うま味が引き立つ塩で味わうのがおすすめ

1 全国各地の純米酒を常時40種類程度揃える。50mℓ、100mℓ、180mℓ、400mℓで提供 2 カウンターとテーブル席があり、女性一人でも入りやすい

ニコ盛り
2人前1080円
日本酒が進むおつまみ3点盛り。おまけがついてさらに豪華に♪

仙台駅西口

にほんしゅやにこ しまうまさけてん

にほんしゅ屋nico シマウマ酒店

中国料理と日本酒のマリアージュ

県内の地酒はもちろん、全国から集めた日本酒を、少量（50mℓ〜）から楽しめる店。地元産の食材を使用したオリジナルのメニューは、「心躍る豊かなひとときを過ごしてほしい」という店主の思いが詰まっている。

☎022-724-7056 住仙台市青葉区中央2-11-22 第5太田ビル1階 ⏰16〜24時（土曜は15時〜、日曜、祝日は15〜23時）休月曜、ほか不定休 交JR仙台駅から徒歩5分 Pなし MAP P115D2

「藤原屋みちのく酒紀行」では、みやげ用の四合瓶や駅弁のおともにちょうどいいワンカップも販売しています。

ワインにビールにウイスキー バーで東北のお酒を楽しむ

東北随一のナイトスポットとして知られる国分町を中心に
女性だけでも入りやすい、おしゃれなダイニング＆バーをセレクト。

国分町

おーしゃん ふぁたーれ

ocean fatare

旬の魚介を多彩な料理で堪能

船上レストランをイメージした店内で、趣向を凝らしたシーフード料理を楽しめる。パスタやピザなどフードメニューはもちろん、ワインやオリジナルカクテルなどドリンクの種類も豊富。ワインは国内外のものを数多く揃え、ボトルは2800円～注文できる。

☎022-263-6440 住仙台市青葉区国分町2-15-2 ⏰18時～午前1時（金・土曜は～午前2時30分）休日曜 交地下鉄南北線勾当台公園駅から徒歩3分 Pなし MAP P114A1

◀400℃で焼き上げる本格ナポリピッツァ 900円～

食後はコチラ！

本日のデザート 3種盛り合わせ 1300円

広々としたダイニング

▲テーブル席のほか、半個室やカウンター席もある

カウンターがおしゃれ♪

◀床張りの店内はまるで船内にいるような大人の空間

◀酒店併設のバー。サブスクビールも好評

ビールのおともに

宮城佐沼産豚のソーセージ盛り合わせ 1380円

国分町

あんばーろんど

アンバーロンド

世界中のビールを飲み比べ

東北のクラフトビールを中心に、世界各国のビールを豊富に揃える店。県内のブリュワリーのビールを樽生で飲めるほか、ビールによく合うフードメニューも充実のラインナップ。☎022-211-5686 住仙台市国分町2-5-7 YS51ビル2階 ⏰18～23時LO（金・土曜は24時LO）休日曜・祝日不定休 交地下鉄南北線広瀬通駅から徒歩8分 Pなし MAP P114A2

壱弐参横丁で三陸の恵みを日本酒とともに

県産のカキと日本酒を楽しめる「牡蠣小屋ろっこ」。壱弐参横丁（☞P125）内の小さな店で、1階は8～10名の立ち飲み処、2階は4人席が2卓あるテーブル席。
☎022-722-6531 MAP P114B4

仙台駅西口
おっじ どまーに
oggi domani

象徴的な壁画のある駅前バル

オリジナルのカクテルが豊富に揃う独創的なバル。手前は活気溢れるスタンディング＆キャッシュオンスタイルのバー、店内奥はゆっくり食事ができるレストランスペースになっている。気分に合わせてチョイス。☎022-214-6380 住仙台市青葉区中央1-8-33 ⏰17時～午前2時(土・日曜、祝日は15時～) 休無休 交JR仙台駅から徒歩2分 Pなし MAP P115E2

まずはコレ！ 生ハム 700円

▶スパークリングワインはボトル4600円、グラス700円。軽やかでフルーティーな味わいのものを用意

外気を感じる異国空間

▶海外のような雰囲気のバーエリア

女性一人でも入りやすい

◀カウンター席とテーブル席がある

◀日本酒利き酒セット1600円は、好みの地酒を3種類選んで飲み比べ。東北の豊富な食材とぜひ

まずはコレ！ 串焼き盛り6種 1650円

仙台駅西口
ごっちょおさん
GocchoSun

東北の地酒と食材がコラボ

東北の方言で「ごちそうさま」の意味の店名は、東北の大自然で育った食材を堪能してほしいという思いが込められている。三陸の海の幸や仙台名物の牛たんなどと、東北の日本酒やウイスキーをぜひ。
☎022-796-7246 住仙台市青葉区中央3-7 仙台PARCO2 1階 ⏰11～23時 休施設に準ずる 交JR仙台駅からすぐ P施設契約駐車場利用 MAP P115D3

国分町
ばー あんでぃ
BAR Andy

気軽に入れる大人のバー

スコットランド産の種類豊富なウイスキー770円～や、旬の果物を使ったフレッシュカクテル1320円～などが人気。注文に迷ったときは、バーテンダーに相談して注文するのもいい。
☎022-713-1770 住仙台市青葉区国分町3-6-6小野ビル2階 ⏰16～24時 休日曜(連休の場合は連休最終日) 交地下鉄南北線勾当台公園駅から徒歩3分 Pなし MAP P112C2

食後はコチラ！ 自家製生チョコレート 1100円

▶宮城県大河原産もち豚の自家製生ハム1100円と宮城峡ソーダ割り1320円

カウンターにお酒がずらり

▶店内はカウンターとテーブル3卓のみ

深夜まで営業する飲食店が多い国分町通（MAP P114 A1～2）は華やかなネオンに包まれ、夜でも明るい雰囲気です。

米どころ・宮城の おいしい地酒図鑑

**仙台を訪れたら、ぜひ飲みたいのが宮城の地酒。
こだわりの蔵元が造る、おいしい地酒の知識をチェックしておこう。**

女性に人気です 定番・純米酒

かねのいしゅぞうの わたやとくべつじゅんまい みやまにしき
金の井酒造の 綿屋特別純米美山錦
1.8ℓ3388円
栗原市の研究熱心な蔵元が手がける純米酒。酸味があり、キレがよく、ふくよかなうま味が広がる。
ⒶⒷⒸ

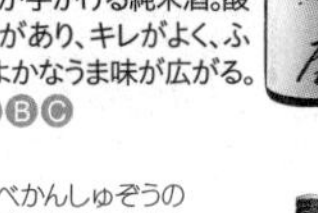

あべかんしゅぞうの あべかんじゅんまい からくち
阿部勘酒造の 阿部勘純米辛口
1.8ℓ2750円
鹽竈神社（☞P80）の御神酒御用酒屋の銘酒。ふくらみがありながらも、後味はスッキリ。
Ⓒ

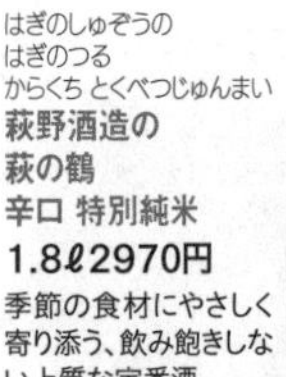

はぎのしゅぞうの はぎのつる からくち とくべつじゅんまい
萩野酒造の 萩の鶴 辛口 特別純米
1.8ℓ2970円
季節の食材にやさしく寄り添う、飲み飽きしない上質な定番酒。
ⒷⒸ

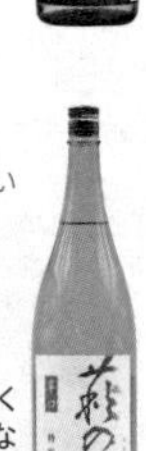

▲宮城では江戸時代に酒造が始まったと伝わる。写真は佐浦（☞P81）

宮城で地酒といえば純米酒！ おいしい料理と一緒に味わって

宮城県には現在24の蔵元がある。総数は多くないが、少数精鋭、こだわりの地酒を作る蔵が揃っている。宮城県では、吟醸酒や純米酒、本醸造酒など、米と米麹、醸造アルコールだけで作る酒の出荷割合が80%以上。全国平均は約25%なので、昔ながらの製法にこだわる蔵元が多いことがよくわかる。なかでも、特に注目したいのが"蔵元の実力がわかる"ともいう純米酒。県では昭和61年（1986）にみやぎ・純米酒の県宣言をし、純米酒造りに力を入れてきた。佐浦（☞P81）の浦霞など、全国的に名高い純米酒はもちろん、最近では萩野酒造の日輪田など若い蔵人が作る挑戦的な純米酒やリキュール系も登場。女性や日本酒ビギナーにも人気となっている。いろいろ飲み比べて、自分好みの一本を探してみて。

初心者も飲みやすい 地酒リキュール

さうらの じゅんまいげんしゅにつけた うらかすみのうめしゅ
佐浦の 純米原酒につけた 浦霞の梅酒
720mℓ2112円
浦霞で仕込んだ梅酒。甘さを控え、梅の味を引き立てる仕上がり。6月下旬～出荷。数量限定。
Ⓐ

にいざわじょうぞうてんの ちょうのうこうよーぐるとしゅ
新澤醸造店の 超濃厚ヨーグルト酒
1.8ℓ3520円
伯楽星の蔵元が手がける。ジャージー牛の生乳を100%使用し、滑らかで濃厚な一品。
ⒶⒷⒸ

にいざわじょうぞうてんの ほうじゅんゆずしゅ
新澤醸造店の 芳醇ゆず酒
1.8ℓ3300円
宮城県産のゆずを中心にぎゅっと絞った成分無調整のダイレクトな味わいを楽しめる。
Ⓑ

コチラのお店で楽しみましょう

Ⓐ仙臺居酒屋 おはな
せんだいいざかや おはな

三陸の新鮮な海の幸と、利き酒師の店主がセレクトする地酒を堪能できる人気店。
☎022-265-3872 ⓛ11時30分～14時30分、17～23時 休日曜 交JR仙台駅から徒歩4分 MAP P114C2

Ⓑ歓の季
かんのき

酒に合うように工夫した創作和食が味わえる。酒はワイングラスで提供している。☎022-215-0363 ⓛ18～23時 休日曜、祝日 交地下鉄南北線勾当台公園駅から徒歩5分 MAP P112C2

Ⓒ地雷也
じらいや

昭和38年(1963)創業。キンキの炭火焼（半身）5500円～など豪快な料理を地酒とともに楽しめる。☎022-261-2164 ⓛ17時15分～22時30分 休日曜(連休の場合は連休最終日) 交地下鉄南北線広瀬通駅から徒歩5分 MAP P114A2

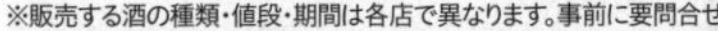
※販売する酒の種類・値段・期間は各店で異なります。事前に要問合せ

さわやかな潮風を感じながら
松島・塩竈をおさんぽ

伊達政宗もこよなく愛したといわれる松島では、
日本三景の松島湾を爽快クルーズ。
潮風に吹かれながら、島巡りを楽しみましょう。
塩竈では、名物の寿司を味わうのもお忘れなく！

これしよう！

日本三景を巡る松島の絶景クルーズ（☞P72）や、伊達政宗が再建した瑞巌寺（☞P74）や五大堂（☞P75）も外せない。海鮮グルメも忘れずに。

access

電車	車
仙台駅	仙台駅
↓ JR仙石線 30分	↓ 国道45号で17km
本塩釜駅	塩竈中心部
↓ JR仙石線 12分	↓ 国道45号で5.5km
松島海岸駅	松島海岸

問合せ
☎022-354-2618
松島観光協会
☎022-362-2525
塩竈観光物産案内所
MAP P116上／下

日本三景の美しい風景と新鮮魚介に舌鼓

松島・塩竈

まつしま・しおがま

新鮮な旬のネタが並ぶ
塩竈名物の寿司は必食

こんなところ

松島は、大小さまざまな島が織り成す絶景を堪能できる場所。遊覧船に乗ったり、展望台から眺めたり楽しみ方はいろいろ。政宗ゆかりの寺社を巡る町歩きも楽しめる。塩竈は寿司の名店が軒を連ねる港町。おいしい寿司を目当てにひと足のばすのもおすすめ。

松島〜塩竈は丸文松島汽船（まるぶんまつしまきせん）で船移動！

松島と塩竈を結ぶ丸文松島汽船の「芭蕉コース」は移動にも便利。所要50分で、湾内の島々を間近に眺めながら移動できる。乗船案内は松島海岸レストハウスまたはマリンゲート塩釜。

☎022-354-3453 ¥乗船1500円〜 休荒天時

古刹を巡るみちのくの四寺廻廊（しじかいろう）へ

比叡山延暦寺の高僧・円仁が開き、その後江戸時代に俳人・松尾芭蕉が訪れた4つの古刹、宝珠山立石寺（山寺）（☞P90）、瑞巌寺（☞P74）、中尊寺（☞P104）、毛越寺（☞P106）を巡る「四寺廻廊」。ちょうど中間地点の松島は廻廊の拠点にぴったり。

塩釜水産物仲卸市場（しおがますいさんぶつなかおろしいちば）でマイ海鮮丼を

鮮魚店や加工食品店が約100店入る市場。6号売り場で販売するマイ海鮮丼はご飯と味噌汁セット400円を買い、好みの刺身を購入すればできあがり！☎022-362-5518 🕒3〜13時（店舗・曜日・季節により変動あり）休水曜 MAP 折込裏D6

～松島・塩竈 はやわかりMAP～

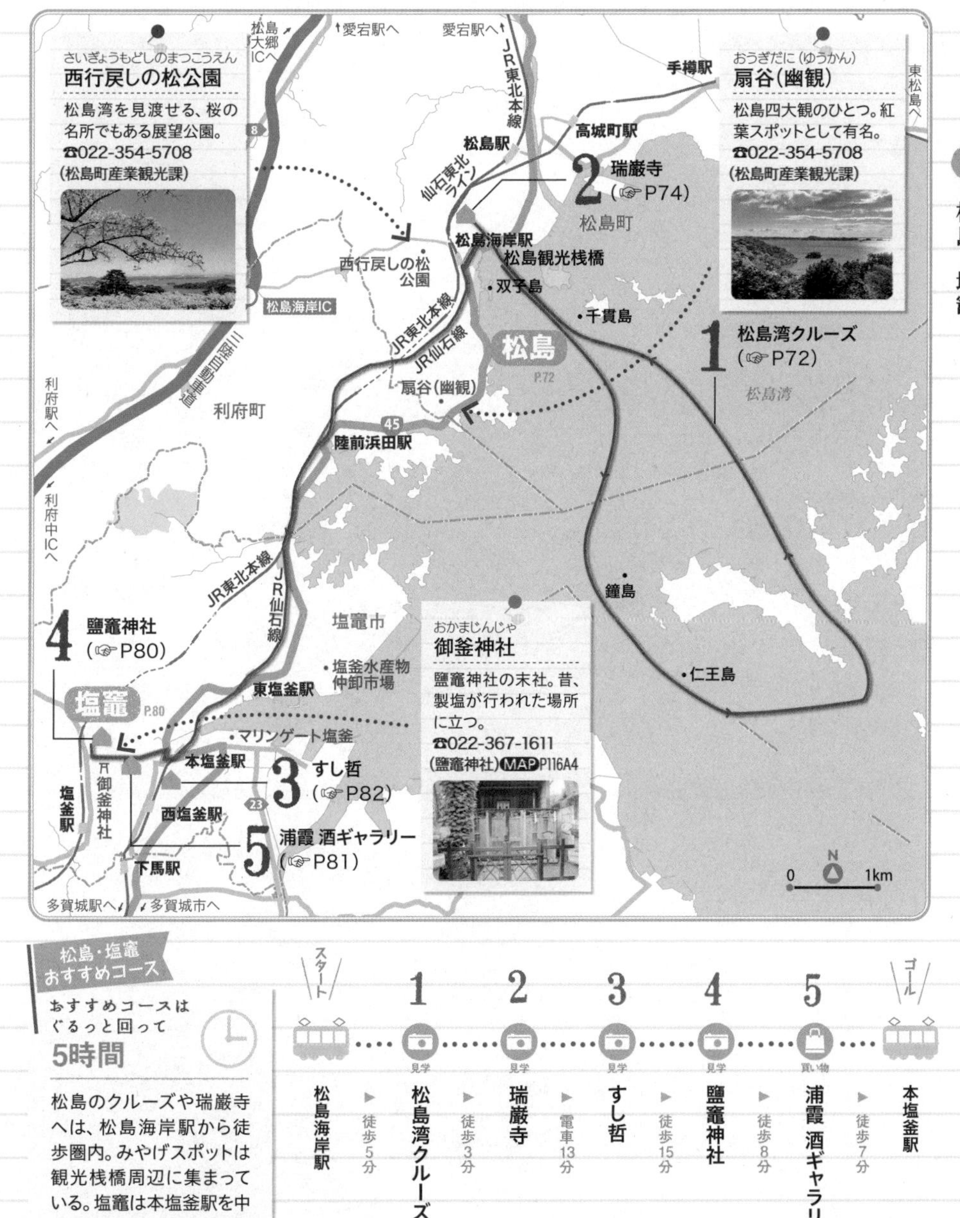

松島・塩竈 おすすめコース

おすすめコースは ぐるっと回って **5時間**

松島のクルーズや瑞巌寺へは、松島海岸駅から徒歩圏内。みやげスポットは観光桟橋周辺に集まっている。塩竈は本塩釜駅を中心にみどころが集結。塩竈の寿司も外せない。

スタート 松島海岸駅 ▶ 徒歩5分 ▶ 1 見学 松島湾クルーズ ▶ 徒歩3分 ▶ 2 見学 瑞巌寺 ▶ 電車13分 ▶ 3 見学 すし哲 ▶ 徒歩15分 ▶ 4 見学 鹽竈神社 ▶ 徒歩8分 ▶ 5 買い物 浦霞 酒ギャラリー ▶ 徒歩7分 ▶ ゴール 本塩釜駅

海から望む日本三景にうっとり 松島湾クルージング

所要時間 50分

260以上の島々が浮かぶ、日本三景のひとつ・松島をクルージング。
潮風を浴びながら、風光明媚な島々が織り成す造形美を観賞しましょう。

日本三景を眺めながら松島湾をクルージング(写真提供:松島観光協会)

まつしましまめぐりかんこうせん
松島島巡り観光船

ゆったり大型船で島巡り

松島湾を巡るクルージングは、多くの船が就航。なかでも人気なのが、2階建ての大型船で巡る「仁王丸」のクルーズ。毎正時出港、予約不要なので利用しやすい。乗船チケットは松島観光桟橋に隣接する松島海岸レストハウスや、松島海岸駅前にあるチケット売り場などで購入可能。5000年ほど前の氷河期以降に現在のような形になったという、美しい湾のクルージングに出発しよう！

☎022-354-2233（松島島巡り観光船企業組合）
住松島町松島町内98-1（松島海岸レストハウス）交松島観光桟橋へはJR松島海岸駅から徒歩5分
P町営駐車場利用(有料) MAP P116B3

仁王丸コースが一番人気です

2020年春に就航した大型遊覧船・仁王丸は、バリアフリー対応でフリー Wi-Fiも利用可能。快適なクルージングができる。

●所要50分 ¥乗船1500円(グリーン船室は+600円)
🕒9～16時の毎正時(11～3月は～15時) 休荒天時

1階 デッキ
船後方は海風を感じられるデッキに。椅子はないが風が気持ちいい

仁王丸
松島湾に浮かぶ仁王島が名前の由来

1階 普通船室
1階はすべて自由席。より景色を楽しめる窓際は早めに確保を

クルージングの待ち時間に立ち寄りたい！

「宮城県松島離宮（みやぎけんまつしまりきゅう）」には、松島湾を見渡せる屋上庭園や博物館、カフェ・レストラン、ショップなどが充実。弓道体験などのさまざまな体験やBBQ、お刺身食べ放題などが人気。
☎050-1808-0367 MAP P116A3

仁王丸コースのみどころを紹介

Start

松島観光桟橋

五大堂近くの遊覧船発着所。チケットを販売する松島海岸レストハウス（MAP P116B3）が隣接。

1 双子島（ふたごじま）

細長い島は鯨島、丸い島は亀島。2つ仲よく並んだ様子から双子島とよばれている。

2 千貫島（せんかんじま）

伊達政宗が気に入り、「この島を館に運んだ者には銭千貫を与える」と言ったのが名前の由来。

3 鐘島（かねじま）

島に4つの穴があり、穴に打ち寄せる波の音が鐘を打つ音のように聞こえるという。

撮影ポイント

海から眺める五大堂や福浦橋も情緒がある。出港してすぐか、入港する直前に撮影しよう。

◀福浦橋は福浦島にかかる全長252mの朱塗りの橋で、写真に映える

◀松島湾を見晴らす絶景の地に建つ、風情たっぷりの五大堂

4 仁王島（におうじま）

松島を代表する島。島の形が仁王像に見えるといわれ、その名が付いた。

Goal

松島観光桟橋

「仁王丸」では「ヤマハおもてなしガイドアプリ」に対応。事前ダウンロードしておけば、スマートフォンで周辺ガイドを聞けます。

伊達政宗ゆかりの松島でのんびりおさんぽ

松島には伊達家ゆかりの寺院や茶室が今も大切に守られています。政宗がこよなく愛したといわれる松島を、ゆっくりしてみましょう。

1 瑞巌寺

桃山文化の粋を集めた奥州屈指の古刹

天長5年（828）に慈覚大師円仁の開創と伝わる。現在の建物は、慶長14年（1609）に伊達政宗が5年の歳月をかけて建立した伊達家の菩提寺で、本堂・庫裡および廊下が国宝に指定されている。

☎022-354-2023 住松島町松島町内91 ¥拝観700円 ⏰8時30分～17時（季節により変動あり）休無休 交JR松島海岸駅から徒歩10分 Pなし MAP P116A2

▲慶長14年（1609）に完成した本堂

▲一流の絵師・狩野左京（かのうさきょう）による襖絵は必見
※写真提供：瑞巌寺

徒歩2分

2 円通院

数珠作り体験が人気 政宗の孫・光宗の菩提寺

若くして命を落とした伊達光宗の菩提寺。霊屋の三慧殿には白馬に跨る光宗像を安置。縁結びの寺としても知られ、境内には縁結び観音もある。数珠作り体験も人気。

☎022-354-3206 住松島町松島町内67 ¥拝観500円 ⏰9～16時（数珠作り体験は～15時30分）休無休 住JR松島海岸駅から徒歩5分 Pなし MAP P116A2

▶数珠作り体験は1000円～（拝観料別）。数珠球は天然石やプラスチック、ガラスから選べる

▲美しい日本庭園に囲まれた光宗の霊屋・三慧殿

▲五大堂へ渡る透橋（すかしばし）は、橋げたの隙間から海が見える。参拝の前に気を引き締めるために作られたとか

3 五大堂（ごだいどう）

松島のシンボル 小島にたたずむお堂

坂上田村麻呂がお堂を建立したのが始まりといわれ、後に慈覚大師円仁が五大明王像を安置したことが名の由来。現在の建物は慶長9年（1604）に政宗が再建した。東北地方現存最古の桃山建築で、国の重要文化財。

☎022-354-2023（瑞巌寺）住松島町松島町内111 ¥拝観無料 🕒8～17時（季節により変動あり）休無休 交JR松島海岸駅から徒歩10分 Pなし MAP P116B3

徒歩1分

徒歩2分

4 松島さかな市場（まつしまさかないちば）

ランチもショッピングも楽しめる観光市場

約1500種類の魚介類や水産加工品などが並ぶみやげ処。1階には三陸で水揚げ・加工された海産物がいっぱい。2階のフードコートでは寿司や丼などを味わえる。松島かきバーガーもおすすめ。

☎022-353-2318 住松島町松島普賢堂4-10 🕒9～16時 休無休 交JR松島海岸駅から徒歩10分 P50台 MAP P116B2

▲かきラーメン1000円、松島かきバーガー500円など。松島名物のカキを気軽に堪能！

赤い橋を渡って福浦島へ

全長252mの朱塗りの福浦橋（¥通行200円）を渡った先にあるのが「福浦島（ふくうらじま）」。1周30～50分ほどの散策路や見晴台が設けられており、多くの植物を観察できる。MAP P116C3

5 松島蒲鉾本舗総本店（まつしまかまぼこほんぽ そうほんてん）

松島でテイクアウトしたい！ 揚げたての「むう」をゲットしよう

お豆腐揚かまぼこ「むう」などで知られるかまぼこ店。揚げたての「むう」を串に刺したテイクアウトグルメも人気。笹かまぼこの手焼き体験（所要7～8分、1本300円）なども楽しめる。

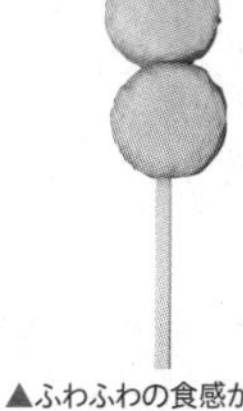

▲ふわふわの食感がたまらない、むう300円 ▼笹かまぼこの手焼き体験にも挑戦！

☎022-354-4016 住松島町松島町内120 🕒9時30分～17時（12～3月は～16時30分）休無休 交JR松島海岸駅から徒歩8分 Pなし MAP P116B2

徒歩4分

6 観瀾亭・松島博物館（かんらんてい・まつしまはくぶつかん）

絶景・松島湾を眺めながら抹茶をいただく

政宗が豊臣秀吉から拝領した伏見桃山城の一棟を、2代藩主・忠宗（ただむね）が松島に移築したと伝わる。縁側では、和菓子と抹茶を味わえる（¥500円～ 🕒8時30分～閉館1時間前）。

▲抹茶とずんだ餅セットは700円 ▼歴代伊達藩主が納涼観月に利用した

☎022-353-3355 住松島町松島町内56 ¥入館200円（松島博物館を含む）🕒8時30分～17時（11～3月は～16時30分）交JR松島海岸駅から徒歩7分 休無休 Pなし MAP P116A3

松島は紅葉の名所。円通院などでは例年10月下旬～11月下旬に紅葉ライトアップも実施しており、必見です。

ランチはやっぱりカキかアナゴ 松島ブランドをいただきます

松島はおいしい海産物の宝庫。特にカキとアナゴが名物です。
美しい景色を眺めながら、豊かな海の恵みを堪能しましょう。

松島のカキがおいしいワケ
ミネラル豊富な高城川などが注ぐ松島湾で育ったカキは、栄養素やうま味がたっぷりで濃厚な味わい。

牡蠣づくしオイスター・プレミアムランチ 2750円
カキのひつまぶしやカキフライ、焼きガキ、オイル漬けのセット

かきまつしまこうは まつしまかいがんえきまえてん

かき松島こうは 松島海岸駅前店

カキの本場・松島で多彩な料理を味わう

松島海岸駅前ロータリー内にあるカキ料理専門店。牡蠣づくしオイスター・プレミアムランチ（2日前までに要予約）をはじめ、カキフライやオイル漬け、オイスタースープ、カキのひつまぶしなど、さまざまなカキ料理を楽しめる。カキのコース料理5500円（2日前までに要予約）も人気。

☎022-353-3588 住松島町松島浪打浜10-14 ⏰11時30分〜15時 休不定休 交JR松島海岸駅からすぐ Pなし MAP P116A3

もう一品！
カキ専門店が作る松島カキフライバーガー648円もおすすめ

▲カジュアルな雰囲気の1階席。2階は予約席

べい おいすたー

BAY OYSTER

大粒の県産カキを通年味わえる

スタイリッシュな雰囲気のオイスターバーで、新鮮な宮城県産カキを使ったフライや焼きガキを味わえる。焼きガキをレモンジェルやオニオンチーズなどで食べるハッピーオイスターオール6個2300円（ドリンク付き）もおすすめ。☎022-354-2550 住松島町松島町内75-16 ⏰10時30分〜17時30分（土曜は〜18時）休不定休 交JR松島海岸駅から徒歩7分 Pなし MAP P116A2

▲瑞巌寺のそばに店を構える

宮城県産大粒カキフライ 5個1480円
定番人気のカキフライ。パン粉にもこだわり、衣もサクサク

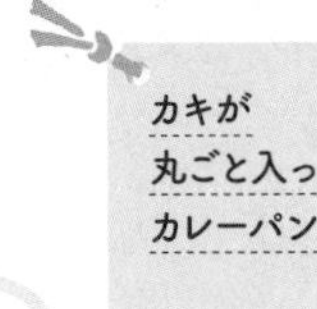

松島離宮海の駅1階の「パンセ松島店」では、松島限定のカキが丸ごと入る牡蠣カレーパン380円や、ずんだメロンパン250円を販売。町歩きのおともにおすすめ。
☎022-353-2844 MAP P116A3

あじどころ さんとりちゃや
味処 さんとり茶屋

自家製ダレたっぷりのふんわりアナゴ丼

宮城県産を中心に、季節の魚介を使用した料理をいただける。数量限定の松島穴子丼は、ふっくらと炊いたアナゴに、アナゴのアラでダシを取った自家製の醤油ダレがたっぷり。アナゴはやわらかな松島産を使用している。伯楽星1合750円など宮城の地酒も多数取り扱う。

☎022-353-2622 住松島町松島仙随24-1 ⏰11時30分～15時、17～20時LO 休火曜夜、水曜(祝日の場合は翌日) 交JR松島海岸駅から徒歩8分 P4台 MAP P116B2

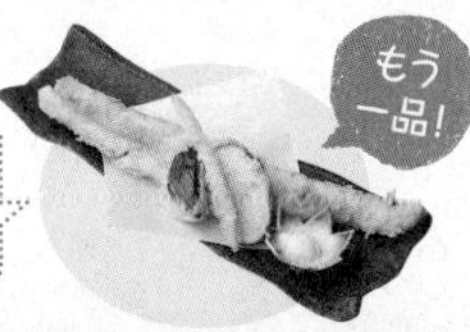

松島産アナゴを丸々一本食べられる松島産穴子一本揚げは1580円。夜のみ提供

▲1階はカウンター、2階は海を望むテーブル席

松島のアナゴがおいしいワケ
豊富なエサを食べて育つので、小ぶりだが脂がのり、身はやわらか。旬は夏だが通年食べられる。

松島穴子丼 2100円
通年で松島産アナゴを使用。大きさは季節によって異なる。数量限定

すしどころ まぐろちゃや
寿し処 まぐろ茶家

特大煮アナゴがのった握りを堪能

松島のメインストリートに立つ人気寿司店。まるごと一匹使った煮アナゴの寿司などを楽しめる特上握りや、新鮮な魚介が高く積み上げられた桶ちらしなど、インパクトのある料理が人気。

☎022-353-2711 住松島町松島町内47 ⏰11～15時(土・日曜、祝日は～16時)※ネタがなくなり次第終了 休水曜(祝日の場合は翌日)、ほか不定休あり 交JR松島海岸駅から徒歩3分 P2台 MAP P116A3

特上握り 2860円
松島産アナゴはふんわりやわらか。炙りたてを味わえる

▲近海産の魚介類を使って丁寧に握る寿司が評判

10～3月のカキの旬に合わせ焼きカキ食べ放題のかき小屋(MAP P116C2)が登場。蒸し焼きのカキを存分に楽しめます。

松島の絶景をひとり占め 海が見える露天風呂の宿

天然温泉の露天風呂から松島湾を見渡せる、眺望自慢の宿を厳選。美しい景色と温泉に癒される贅沢ステイを楽しんで。

こまつかん こうふうてい

小松館 好風亭

朝日や月夜を独占できる貸切露天風呂で湯浴み

こまやかなサービスと、客室からも松島湾を望める眺望のよさが評判。客室は露天風呂付きや、離れ風など趣向を凝らした10タイプ。庭には松島の象徴ともいえる松が茂り、その向こうに海が見える。風呂は、男女入替制の大浴場や露天風呂のほか、貸切露天風呂（1回2000円、45分）も人気。貸切風呂の予約はチェックイン後の受付なのでお早めに。

☎022-354-5065 住松島町松島仙髄35-2 交JR松島海岸駅から徒歩20分 送迎あり P20台 MAP P116C2

●室数全41室 ●2021年9月改装 ●風呂：内湯あり 露天あり 貸切あり ●泉質：アルカリ性単純温泉

絶景ポイント
1日10組限定の貸切露天風呂からは、松島湾の島々を独占しよう。

CHECK
✣1泊2食付き料金✣
平日2万5300円～
休前日3万800円～
✣時間✣
IN15時、OUT10時

1 貸切露天風呂の「朝日見の湯」 2 夕食は和のフルコースや炭火焼きなどを選べる。写真はイメージ 3 大きな窓から松島を望む10帖和室

まつしまおんせん
まつしまいちのぼう

松島温泉 松島一の坊

自慢の水上庭園と松島の景色を一望

パノラマビューの露天風呂、全室オーシャンビューの客室、7000坪の水上庭園など、松島湾の眺望を満喫できる温泉リゾート。旬の食材をできたてで味わえるレストランも魅力。岩塩岩盤浴やロウリュサウナなどがある「庭がSPA」もオールインクルーシブで楽しめる。

☎0570-05-0240（予約センター）住松島町高城浜1-4 交JR松島駅から徒歩13分 送迎あり P200台 MAP P116C1

●室数全111室 ●2021年改装 ●風呂：内湯あり 露天あり ●泉質：アルカリ性単純温泉 低張性アルカリ性高温泉

絶景ポイント
露天風呂からは約7000坪の広さを誇る庭園越しに海を望める。

CHECK
✣1泊2食付き料金✣
平日3万800円～
休前日3万7400円～
✣時間✣
IN15時、OUT11時

1 露天風呂から望む松島の絶景 2 料理人が目の前で作り上げる「レストラン 青海波」 3 オープンテラスとビューバス付きの大人専用フロア

源泉かけ流し 部屋食 エステあり 禁煙ルームあり 大浴場あり ひとり宿泊OK インターネット可

まつしませんちゅりーほてる

松島センチュリーホテル

海と島、福浦橋が織り成す色彩のコントラスト

福浦島（ふくうらじま）（☞P75）のそばに位置し、温泉大浴場の露天風呂や、海側の全客室にあるバルコニーからは、福浦橋を眺められる。四季折々に作り立ての料理が並ぶ夕食も評判。

☎022-354-4111（代表）住松島町松島仙随8 交JR松島海岸駅から徒歩10分 送迎あり（要予約）P100台 MAP P116B2

●室数全130室 ●2011年8月改装 ●風呂：内湯あり 露天あり ●泉質：アルカリ性単純温泉 低張性アルカリ性高温泉

CHECK
✣1泊2食付き料金✣
平日1万8700円～
休前日2万2000円～
✣時間✣
IN15時、OUT11時

1 露天風呂付き大浴場 2 眺めがよく、快適に過ごせる。松島の観光施設に近く、便利な立地 3 ガラス張りのラウンジも眺望自慢

まつしまおんせんもとゆ ほてるうぶど

松島温泉元湯 ホテル海風土

松島湾を眼下に見る屋上の展望露天風呂

アジアンテイストを取り入れたリゾートホテル。バリ風の家具が並ぶ洋室や露天風呂付き和室など、10タイプの客室を用意。屋上には、展望露天風呂みはらしの湯がある。

☎022-355-0022 住松島町松島東浜5-3 交JR松島海岸駅から徒歩15分 送迎あり（要予約）P26台 MAP P116C2

●室数全26室 ●2003年5月改装 ●風呂：内湯あり 露天あり ●泉質：アルカリ性単純温泉

CHECK
✣1泊2食付き料金✣
平日2万2000円～
休前日2万5000円～
✣時間✣
IN15時、OUT11時

1 展望露天風呂みはらしの湯は男女入替制 2 旬の県産食材をふんだんに使った夕食も評判 3 天蓋付きのベッドを備えた、異国情緒漂う洋室

ほてるぜっけいのやかた

ホテル絶景の館

刻々と変化する松島湾を丘の上から見下ろす

小高い丘の上に立つホテル。客室からの眺めがよく、露天風呂やガラス張りの内湯からも松島湾の絶景が楽しめる。地元の食材を使った料理も評判。特に特製オリジナル味噌を使った、仙台黒毛和牛朴葉焼きが人気。

☎022-354-3851 住松島町松島東浜4-6 交JR松島海岸駅から徒歩15分 送迎あり P30台 MAP P116C2

●室数全23室 ●2006年4月開業 ●風呂：内湯あり 露天あり ●泉質：アルカリ性単純温泉

CHECK
✣1泊2食付き料金✣
平日1万5000円～
休前日2万2000円～
✣時間✣
IN15時、OUT10時

1 露天風呂、大浴場ともに弱アルカリ性の温泉でやさしい肌ざわり 2 仙台名物の牛たんも登場する 3 客室の窓は大きめで眺めがいい

日の出を見ながらの入浴も松島温泉ならでは。日の出の時刻をチェックして、早起きして湯浴みを楽しみましょう。

散策所要
3時間

港町をのんびり歩きながら“しおがまさま”へお参りしましょう

鹽竈神社の門前町として栄えた長い歴史をもつ町・塩竈。
趣ある老舗とともに、アートやスイーツなどのスポットにも足を運んでみましょう。

START!

本塩釜駅から徒歩5分

やさしい甘さとしその香りが◎

❶鹽竈神社参道の入口にある店 ❷「志ほか満」には鹽竈桜が型押しされている

全国各地から信仰を集める神社

▲鹽竈桜は国の天然記念物 ▶長い石段の先に本殿がある。蛇行する坂道の参道もある

色とりどりでジュエリーのよう！

❶彩り豊かなチョコレートは贈り物にぴったり
❷右下が藻塩ショコラ。左上の浦霞原酒入りのサケ300円も人気

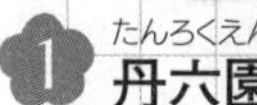

1 丹六園

たんろくえん

もち米の風味豊かな塩竈銘菓

享保5年（1720）創業の老舗和菓子店。もち米粉に自家栽培の青じそを加えて固めた和菓子「志ほか満」1個450円～が看板商品。クルミと黒糖を使用した落雁「長壽楽」1個500円～も人気。

☎022-362-0978 住塩竈市宮町3-12 ⏲8時30分～17時 休第1・3水曜 交JR本塩釜駅から徒歩5分 P3台 MAP P116B4

徒歩12分

2 鹽竈神社

しおがまじんじゃ

薄紅の桜が舞う陸奥国一之宮

「しおがまさま」の愛称で親しまれる神社。1200年を超える歴史をもち、宝永元年（1704）竣工の本殿や鳥居などは国の重要文化財。5月初旬には、境内にある鹽竈桜が開花を迎える。

☎022-367-1611 住塩竈市一森山1-1 ¥参拝無料 ⏲開門は5～18時（11～2月は～17時）休無休 交JR本塩釜駅から徒歩15分 P300台 MAP P116A4

徒歩10分

3 チョコレート工房クレオパンテール

ちょこれーとこうぼう くれおぱんてーる

塩竈の味をチョコレートに

18種類のかわいらしいチョコレートのほか、ケーキや焼き菓子などを販売。塩竈の藻塩が入った藻塩ショコラ1個340円など、地元の味を取り入れた商品が評判。

☎022-781-8301 住塩竈市本町6-4 ⏲9時30分～18時 休木曜、第1・3日曜 交JR本塩釜駅から徒歩5分 P2台 MAP P116A4

徒歩1分

江戸時代から続くだんごを堪能

江戸時代から受け継がれる手作りだんごを提供する「おさんこ茶屋」。づんだやこしあんなどが付く五色だんご710円が人気。現在は持ち帰りのみ。

☎022-362-0946 MAP P116A4

5

▲舌平目のポワレ、海老とアンチョビのソース ▶満席になることも多いので予約がおすすめ

▲試飲できる日本酒は季節により変更あり

▲入口側がショップ、奥がギャラリー ◀リサ・シナーが描く干支カード1枚150円

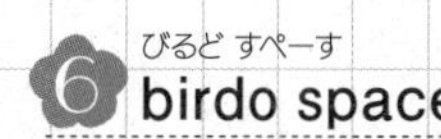

4 浦霞 酒ギャラリー
うらかすみ さけぎゃらりー

塩竈が誇る地酒を楽しむ

浦霞で知られる酒造店・佐浦に併設。地元でしか買えない宮城県内限定の浦霞が評判。お猪口と専用コインのセット300円～を購入すると試飲を楽しむことができる。宮城県在住の作家が作る酒器も販売している。

☎022-362-4165 住塩竈市本町2-19 ⌚10～17時 休日曜 交JR本塩釜駅から徒歩7分 P6台 MAP P116B4

徒歩4分

5 シェ・ヌー
しぇ・ぬー

港町ならではのフランス料理

三陸魚介や仙台牛、地元の野菜などを使ったフランス料理が味わえる。ランチは平日3850円～、ディナーは5500円～。サービス料別途あり。

☎022-365-9312 住塩竈市海岸通7-2 ⌚11時45分～13時30分LO、17時30分～19時30分LO 休月曜、木曜の夜、ほか不定休あり(祝日の場合は営業) 交JR本塩釜駅から徒歩3分 P14台 MAP P116B4

徒歩9分

6 birdo space
びるど すぺーす

新進気鋭のアートを発信

国内外の気鋭のアーティストの作品やグッズを展示・販売するギャラリー兼ショップ。オリジナルの干支カードなどは、みやげとしても人気。ライブやワークショップなどを開催することもある。

☎080-3198-4818(ビルド・フルーガス) 住塩竈市港町2-3-11 ⌚11～17時 休不定休(要問合せ) 交JR本塩釜駅から徒歩5分 P3台 MAP P116C4

塩竈の海の玄関口「マリンゲート塩釜」(MAP P116C4)には、松島行きのクルーズ船(☞P70)が就航するほか、みやげ店やレストランもあります。

寿司の名店ひしめく塩竈で自慢の握りで新鮮魚介を堪能

金華山(きんかさん)沖など豊かな漁場から多彩な魚介が水揚げされる塩釜港。港町ならではの新鮮な海の幸を、名店の寿司で堪能しよう。

季節のネタはコチラです

春…シラウオ、アイナメほか
夏…本マグロ、アナゴ、アワビほか
秋…サンマ、シタビラメほか
冬…カキ、ヒラメ、サヨリほか

ふっくら煮アナゴは塩竈・前浜産が中心。

新鮮で食感のいい南三陸産のヒラメ。

三陸産を中心としたアワビも登場する。

しおがま 10貫4080円
塩釜港に揚がるメバチマグロなど近海産の魚介を中心に旬のネタが揃う。シャリは国内有機米ササニシキを使用している

すしてつ
すし哲

極上のネタを握る塩竈の名店

「塩竈の寿司のうまさを全国に広めた」といわれる名店。塩釜港を中心に、季節ごとのネタを親方自ら吟味。その目利きには定評があり、特にマグロの目利きのよさから、県内外から常連客が訪れる。特上にぎりは大トロ、ボタンエビなど全10貫を食せる。

☎022-362-3261 住塩竈市海岸通2-22 ⏰11～15時、16時30分～21時(土・日曜、祝日は11～21時) 休木曜(祝日の場合は営業) 交JR本塩釜駅から徒歩3分 P27台 MAP P116B4

1階はカウンター席と小上がり、2・3階はテーブル席がある

特上にぎり 10貫4250円
その日一番活きのいいネタを選りすぐり、季節感のある一皿に

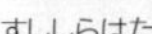

すししらはた
鮨しらはた

旬の味を追求した食材選び

塩釜港を中心に、北海道や東京など全国から厳選したネタを仕入れる。特上にぎりには、本マグロや三陸産のアナゴなどが並ぶ。☎022-364-2221 住塩竈市海岸通2-10 ⏰11時～14時30分、16時30分～20時30分(土・日曜、祝日は11時～20時30分) 休火曜(祝日の場合は営業) 交JR本塩釜駅から徒歩5分 P10台 MAP P116B4

季節盛り合せ 9貫3960円
天然ものにこだわり、マグロやウニなど旬の絶品ネタが揃う

かめきずし
亀喜寿司

老舗の巧みな技が光る

昭和14年(1939)創業の人気寿司店。魚の切り方や盛り付けなど細部にまで気を配り、上品な握りに仕上げている。藻塩110円をつけていただくのもおすすめ。☎022-362-2055 住塩竈市新富町6-12 ⏰11～15時、17～21時 休火曜(祝日の場合は営業、振り替え休日あり) 交JR本塩釜駅から徒歩10分 P17台 MAP P116C4

せっかくの旅ですもの 仙台からひと足のばして

仙台からひと足のばせば、まだまだ魅力的なエリアがいっぱい。
仙台の奥座敷といわれる秋保温泉や、素朴な風情を感じる鳴子温泉郷。
ダイナミックな景色を楽しめる蔵王や松尾芭蕉も訪れた絶景の山寺…。
どのエリアも東北ならではの魅力がたっぷり詰まっています。

秋保の自然をめいっぱい体感 緑豊かな山里でリラックス

仙台駅からバスで55分

緑深い渓谷にある秋保温泉の散策は、レンタサイクルが便利。滝や渓谷を巡り、カフェやガラス工房などにも立ち寄って。

▶遊歩道は往復約40分の道のり

秋保温泉(あきうおんせん)ってこんなところ

豊かな自然に囲まれた温泉地

開湯1500年の歴史をもち、仙台藩主の御殿湯として栄えた温泉地。奥州三名湯のひとつで、作並温泉（☞P88）とともに仙台の人気温泉地として知られる。名取川を流れる水が作り出す、独特な景観を楽しめる遊歩道などもある。

問合せ ☎022-398-2323（秋保温泉郷観光案内所）
アクセス JR仙台駅から宮城交通バス秋保温泉行きで52分ののぞき橋、53分の秋保・里センター、54分の薬師、55分の秋保温泉湯元下車。東北自動車道仙台南ICから秋保温泉まで車で15分
MAP P117上

Start バス停 のぞき橋
→ 徒歩すぐ
1 磊々峡
→ 徒歩3分
秋保・里センター（レンタサイクル）
→ 自転車で3分
2 ガラス工房 元
→ 自転車で10分
3 佐市
→ 自転車で3分
4 MIDI
→ 自転車で10分
5 秋保手しごと館
→ 自転車で15分
Goal 秋保・里センター

▲丸くてかわいいペーパーウエイト3200円

1 磊々峡(らいらいきょう)

奇岩・怪岩が連なる峡谷を散策

名取川沿いにある深さ20m、全長約1kmの峡谷。川に削られた奇岩や怪岩が連なる様子からこの名がついた。覗橋(のぞきばし)付近から約650mの遊歩道が整備されている。起伏がある所もあるので、歩きやすい靴で行こう。

☎022-398-2323（秋保温泉郷観光案内所）住仙台市太白区秋保町湯元枇杷原地内 ¥営休見学自由 交バス停のぞき橋からすぐ P38台（秋保・里センター）MAP P117C2

2 ガラス工房 元(がらすこうぼう げん)

色とりどりのガラス細工を楽しむ

ガラスの万華鏡やぐい呑みなど、店主が作るガラス作品を展示・販売。好きな形や色を選んで作る、1人につき30分程度の吹きガラス体験3900円～は、前日までに要予約（作品は翌日以降の受け取り、または郵送）。

☎022-398-4123 住仙台市太白区秋保町湯元枇杷原西18 営10～17時 休火曜、ほか不定休あり 交バス停のぞき橋から徒歩3分 P2台 MAP P117C1

3 佐市(さいち)

名物おはぎをみやげに

小ぢんまりした地元で評判のスーパーの店内には、100種類以上の手作り総菜が並ぶ。特に北海道産小豆など厳選素材のおはぎ2個280円が人気。定番はあん、ごま、きなこの3種類で、売切れることもあるので早めに。

☎022-398-2101 住仙台市太白区秋保町湯元薬師23 営9～19時 休第2・4水曜（祝日の場合は営業）交バス停秋保温泉湯元からすぐ P100台 MAP P117B1

木立に囲まれ佇む一軒家カフェ

秋保大滝へ
秋保森林スポーツ公園
愛子へ
秋保ワイナリー
ガラス工房 元
佐市
のぞき橋
磊々峡
名取川
秋保温泉湯元
遊歩道
仙台南ICへ
木の家
MIDI
秋保手しごと館
磊々峡
秋保・里センター
秋保工芸の里
500m

check!

秋保ワイナリーも人気

秋保産ブドウを使ったワインを中心に醸造・販売する。有料試飲やソフトドリンクも楽しめる。☎022-226-7475 MAP P117C1

◀チーズケーキ480円とシングルオリジン580円

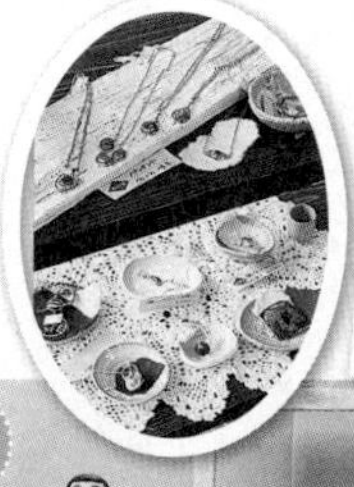

◀店内席。大きな窓から木々が見える

◀深い色合いが特徴の七宝焼のネックレス2000円～ ▼木の温もりを感じるぐい呑み2730円～

こけしの表情に癒やされます

甘さ控えめボリュームたっぷり!

4 MIDI（みでぃ）

木々を眺めてコーヒータイム

温泉街の外れに佇むカフェ。店内のほか、縁側席や庭のベンチで自然を感じながらスペシャルティコーヒーやスイーツを楽しめる。自家製パンを使ったサンドウィッチ530円も人気。

☎なし 住仙台市太白区秋保町湯元釜土東28 ⏰10時～17時30分（17時LO）休水曜 交バス停秋保温泉湯元から徒歩5分 P40台（他店と共用）MAP P117B2

5 秋保手しごと館（あきうてしごとかん）

秋保の工芸作家作品をチェック

秋保在住の工芸作家25名以上の作品を展示、販売。こけしや七宝焼、ガラス細工のアクセサリーなど、多彩な作品が並ぶ。2階では地元作家に加え、県外作家の企画展なども開催。

☎022-397-2714（木の家）住仙台市太白区秋保町湯元馬乙2-1 ⏰10時30分～16時（季節により変動あり）休1、2月の水・木曜 交バス停秋保温泉湯元から徒歩20分 P100台 MAP P117A2

ひとあしのばして

秋保大滝へ

落差55m、幅6mで迫力があり、日本の滝百選にも選ばれた名瀑。滝見台からは新緑や紅葉など四季折々の眺めを楽しめる。遊歩道を降りると水しぶきを感じるほど、滝つぼに近づける。

☎022-398-2323（秋保温泉郷観光案内所）¥⏰休見学自由 交バス停秋保温泉湯元から宮城交通バス秋保大滝行きで25分、秋保大滝下車（土・日曜、祝日のみ1日2本）、滝見台まで徒歩5分 P220台 MAP折込裏B6

レンタサイクルは、秋保・里センター（MAP P117C2）で4～11月の期間、保証金1000円（返却時に返金）で借りられます（雨天時貸出不可）。

料理がおいしい秋保の宿で ちょっと贅沢な休日を

大型旅館が立ち並ぶ秋保温泉には、料理自慢の宿がたくさん。
温泉でほっこりした後は、趣向を凝らした豪華な料理でお腹も大満足。

さりょう そうえん
茶寮 宗園

本物の贅沢を味わえる 趣向を凝らした懐石を堪能

約8000坪の敷地を有する、客室数26室の高級旅館。四季折々の本格懐石料理を目で楽しみながら味わえる宿として評判で、リピーターが多い。純和風で数奇屋風作りの建物や、美しい日本庭園など、日本の伝統的な美を堪能できる。東北屈指の名湯は野趣溢れる露天風呂で楽しんで。

☎022-398-2311 住仙台市太白区秋保町湯元釜土東1 交バス停薬師からすぐ 送迎あり(要問合せ) P40台 MAP P117C1

室全26室 ●1991年11月開業 ●風呂：内湯あり 露天あり●泉質：ナトリウム・カルシウム塩化物泉

こんな料理がいただけます
食通が通う宿として名高い。夕食の懐石料理は、各地から集めた良質な食材を使用。

CHECK
✣1泊2食付き料金✣
平日3万8500円～
休前日4万1800円～
✣時間✣
IN15時、OUT11時

多彩な懐石料理を楽しみましょう

▲山菜など旬の味覚を趣向を凝らした料理で

▲おいしさだけでなく、彩りの美しさも評判

▲素材の香りを存分に楽しめる逸品も多い

▲山海の幸を巧みに使いこなした料理は絶品

※料理の一例

❶四季折々に表情を変える美しい日本庭園 ❷本館1階の客室。客室は本館に16室あるほか、離れが10室ある ❸日本三大御湯のひとつでもある湯は、露天付きの大浴場で

 源泉かけ流し 部屋食 エステあり 禁煙ルームあり 大浴場あり ひとり宿泊OK インターネット可

でんしょうせんねんのやど さかん

伝承千年の宿 佐勘

伊達家の湯守を勤めた老舗で 厳選地場食材の料理を味わう

伊達家の御殿湯だった由緒ある宿。名取川を眼下に望む河原の湯など風情ある風呂を楽しめる。夜には中庭のライトアップも美しい。夕食は、四季折々の旬の食材を吟味し、料理人の熟練の技で丹精込めたメニューを提供。グレードアップした朝食ブッフェ「プレミアムモーニング」も好評。

☎022-398-2233 住仙台市太白区秋保町湯元薬師28 交バス停秋保温泉湯元からすぐ 送迎あり（要予約）P500台 MAP P117B2 室全173室●1989年9月改装 ●風呂：内湯あり 露天あり 貸切あり ●泉質：ナトリウム塩化物泉

CHECK
✣1泊2食付き料金✣
平日2万2150円～
休前日2万5450円～
✣時間✣
IN15時、OUT11時

❶名取川を眺めながら湯浴みできる河原の湯（男女入替制）❷人気の庭園&テラス付き客室HITEN ROOM 738

こんな料理がいただけます
できたてが並ぶ朝食ブッフェ（和食膳の場合あり）。

こんな料理がいただけます
旬の食材を盛り込んだ会席料理（写真はイメージ）。

CHECK
✣1泊2食付き料金✣
平日1万6500円～
休前日2万900円～
✣時間✣
IN15時、OUT10時

❶広々として解放的な女性専用庭園露天風呂 ❷落ち着きある客室からは温泉街を一望できる

おうしゅうあきうおんせん らんてい

奥州秋保温泉 蘭亭

多彩なリラクゼーションと 彩り豊かな創作料理を満喫

多彩なリラクゼーションと会席料理が評判の温泉宿。大浴場の前には、ヒーリングエステ、ほぐし処、フット&ハンドのコーナーがあり、豊富なメニューが揃っている。会席スタイルで提供する夕食は、厳選した旬の宮城県産食材を中心に使用。手間を惜しまず作る絶品料理にファンが多い。

☎0570-040-707 住仙台市太白区秋保町湯元木戸保7-1 交バス停蘭亭前からすぐ 送迎あり（要予約）P120台 MAP P117C2

室全68室 ●1995年7月開業 ●風呂：内湯あり 露天あり ●泉質：ナトリウム・カルシウム塩化物泉

ほてるずいほう

ホテル瑞鳳

くつろぎのリゾートホテルで 充実のビュッフェを満喫

秋保の名所「磊々峡」を見渡せるホテルで、広々とした客室や、心のこもったもてなしが評判。豪華なビュッフェも人気が高く、季節の食材とできたてにこだわった料理を存分に楽しめる。夕食では、炭火焼きの牛たんをはじめ、和洋中80種類以上の料理が登場。

☎0570-550-397 住仙台市太白区秋保町湯元除26-1 交バス停磊々峡から徒歩2分 送迎あり（要予約 P300台 MAP P117C2

室全室117室 ●2016年6月改装 ●風呂：内湯あり 露天あり ●泉質：ナトリウム・カルシウム塩化物泉

CHECK
✣1泊2食付き料金✣
平日1万6000円～
休前日2万4000円～
✣時間✣
IN15時、OUT10時

❶バラエティ豊かな6種の露天風呂で癒やしの時間を ❷全天候型温水プールもある

こんな料理がいただけます
開放的なビュッフェレストラン「seasons」で旬の味覚を楽しめる。

秋保・里センターの足湯「寿右ェ門の湯」（MAP P117C2）は4～11月の土・日曜、祝日に無料で利用できます。11～16時 休雨天時

お風呂自慢が揃っています 作並温泉のくつろぎ宿

仙台駅から バスで1時間10分

作並温泉は広瀬川の上流にある、山あいの温泉地。
川のせせらぎに耳を傾けながら、歴史ある名湯で温泉三昧しましょう。

作並温泉（さくなみおんせん）って こんなところ

緑豊かな歴史息づく温泉地

奈良時代の開湯とも伝わる歴史ある温泉地。雄大な山々に囲まれたこの地の宿は、広瀬川沿いを中心に5軒。風情ある風呂が自慢の宿が多く、肌にやさしいという泉質。数多くの文化人も愛した温泉地だ。

問合せ ☎070-1143-6633（仙台市作並・定義地区観光案内所） アクセス JR仙台駅から仙台市営バス作並温泉元湯行きで1時間9分の作並温泉入口、1時間10分の作並温泉元湯下車。仙台駅からJR仙山線山形行きで42分、作並駅下車。東北自動車道仙台宮城ICから作並温泉まで車で30分 MAP P117下

▲作並温泉街から車で10分の鳳鳴四十八滝（MAP P117C4）などの名所も。豊かな緑に囲まれた温泉地

この風呂が自慢です！
清流・広瀬川を一望できる広瀬川源流露天風呂。多彩な風呂で湯浴みを楽しめる。

▲季節で表情を変える里山と広瀬川を眺めながら湯めぐりを

ゆづくしさろんいちのぼう

ゆづくしSalon一の坊

旬の味覚に広々露天風呂も オールインクルーシブで堪能

里山の絶景を眺めながらハンモックに揺られたり、源泉かけ流しの露天風呂を楽しんだりできる新客室「里山seyryu」が2023年4月に誕生。滞在中の飲食やイベントなどをオールインクルーシブで楽しめるのもうれしい。ディナービュッフェは、地元産ワインや日本酒などと合わせて、コース仕立てで堪能できる。

☎0570-05-3973（予約センター） 住 仙台市青葉区作並長原3 交 バス停作並温泉元湯から徒歩5分 送迎あり P 80台 MAP P117A3

室 全86室 ●2023年4月改装 ●内湯あり 露天あり ●泉質：ナトリウム・カルシウム硫酸塩・塩化物泉

❶2023年4月オープンの新客室 ❷料理人の技を目の前で楽しむオーダービュッフェ ❸温泉蒸気を利用したよもぎ蒸し風呂では吸引浴が楽しめる

CHECK
✣1泊2食付き料金✣
平日2万3000円～
休前日3万1000円～
✣時間✣
IN15時、OUT11時

源泉かけ流し　部屋食　エステあり　禁煙ルームあり　大浴場あり　ひとり宿泊OK　インターネット可

豊かな自然に包まれたウイスキー工場

清流で知られる広瀬川流域にある「ニッカウヰスキー仙台工場宮城峡蒸溜所」では蒸溜所見学（予約優先制）や、試飲が楽しめる。みやげコーナーも忘れずにチェック。

☎022-395-2865 MAP P117C4

ようせんかく いわまつりょかん

鷹泉閣 岩松旅館

広瀬川が間近に迫る野趣あふれる岩風呂

寛政8年（1796）創業の老舗旅館。名物の天然岩風呂では、渓流を間近に眺めながら湯を楽しめる。天然岩風呂は混浴だが、女性専用時間も設定。女性専用半露天風呂と男女別の大浴場も、それぞれ雰囲気が異なり、情緒ある造り。

☎022-395-2211 住仙台市青葉区作並元木16 交バス停作並温泉元湯からすぐ 送迎あり P200台 MAP P117A3

室全91室 ●2019年3月青葉館一部改装 ●内湯あり 露天あり ●泉質：ナトリウム・カルシウム硫酸塩・塩化物泉

CHECK
✣1泊2食付き料金✣
平日1万7600円～
休前日2万900円～
✣時間✣
IN15時、OUT10時

この風呂が自慢です！
昔ながらの風情を残す混浴露天は自噴泉を満たす天然の岩風呂。女性専用時間あり。

▲露天風呂から作並らしい景観を堪能できる

ゆのはらほてる

湯の原ホテル

作並の山々を一望する最上階の展望露天

山々に囲まれた展望露天風呂をはじめ、2カ所の大浴場や貸切露天風呂（30分1000円、先着順）など多彩な風呂が魅力。フレンチ出身のシェフが腕によりをかけて織りなす優雅で贅沢な料理も評判。

☎022-395-2241 住仙台市青葉区作並元木1 交バス停作並温泉入口からすぐ 送迎あり（要予約）P70台 MAP P117A3

室全30室 ●1958年3月開業 ●内湯あり 露天あり 貸切あり●泉質：アルカリ性単純温泉

この風呂が自慢です！
宿4階にある展望露天風呂からは、四季折々の山々を一望。夜は星空も美しい。

CHECK
✣1泊2食付き料金✣
平日1万8700円～
休前日2万2000円～
✣時間✣
IN15時、OUT10時

▲開放感抜群の展望露天風呂は男女別

作並みやげはコチラでどうぞ

つつみや さくなみてん

つつみ屋 作並店

つつみ揚1個120円は作並みやげの定番。キツネ色に揚げたまんじゅうはクッキーのようにサクサク。

☎022-395-2165 8時30分～17時 休無休 交JR作並駅から徒歩3分 Pなし MAP P117B4

▲くるみ入り餡は甘さ控えめ。箱入りもある

ひらがこけしてん

平賀こけし店

伝統的な作並こけしのほか、創作こけしも販売。絵付け体験（所要1時間、700円～、3日前までに要予約）も。

☎022-395-2523 7～19時 休不定休 交バス停作並温泉元湯から徒歩3分 P3台 MAP P117A3

▲こけし制作の様子も見られる

作並温泉街の神社や旅館などに、温泉水をかけて恋愛成就を祈る「恋のお湯かけ地蔵」があるので探してみて。

山寺

閑(しず)けさに心洗われる絶景の名刹・山寺へ

✚仙台駅から電車で1時間

平安時代初期から修験の地として多くの僧が訪れた山寺。
参道からは眼下に広がる門前町など美しい眺めを楽しめます。

▲切り立った崖の上にある納経堂と開山堂。門前町を見下ろす眺望がすばらしい

ほうじゅさんりっしゃくじ（やまでら）

宝珠山立石寺（山寺）

拝観所要1時間30分

歴史ある霊山を登り幽玄な景色を見下ろす

貞観2年（860）に慈覚大師(じかくだいし)によって開かれた霊山。松尾芭蕉がおくのほそ道で訪れ、“閑さや岩にしみ入る蝉の声”という名句を詠んだ地としても有名。頂上の奥之院までは1段登るごとに煩悩が消えるといわれる1000段以上の石段が続く。山寺とは地名で、正式名称は宝珠山立石寺だ。景色を楽しみながらゆっくりと進もう。

☎023-695-2816（山寺観光案内所）住山形市山寺4495-15（山寺観光案内所）¥入山300円 ⏰山門受付8～16時（季節により変動あり）休山門受付無休（冬期の入山は足元注意）交JR山寺駅から登山口まで徒歩6分 P有料駐車場利用 MAP折込裏A6

参詣のおともに!
力こんにゃく

ダシ醤油で煮込んだ甘辛味。
1本100円。参道や門前町で販売

山寺を参拝しましょう

芭蕉と山寺についてもっと詳しく

山寺駅から徒歩8分の「山寺芭蕉記念館」。数寄屋造の茶室もある純和風の建物で、芭蕉直筆の作品や『おくのほそ道』の資料を展示。
☎023-695-2221 MAP P90右下

START!

1 山門（さんもん）

山寺参拝の入口。山門から奥之院までは約1000段の石段が続く。

◀茅葺屋根の門は鎌倉時代末期に建てられた歴史あるもの

徒歩25分

2 仁王門（におうもん）

ケヤキ造りの門の左右には、仁王尊像と十王尊像が安置されている。

▶像は邪心のある人がここから先に登らないよう、にらみをきかせている

徒歩5分

3 納経堂・開山堂（のうきょうどう・かいざんどう）

開山堂は慈覚大師の廟所で、木造尊像が安置されている。

▲赤い祠が納経堂。下には慈覚大師の遺骨が納められた入定窟(にゅうじょうくつ)がある

徒歩1分

4 五大堂（ごだいどう）

山寺随一の展望所。切り立った崖の上にあり、眼下に広がる門前町の眺めは格別。

徒歩5分

▲五大明王を祭り、天下泰平を祈った舞台造の道場

GOAL!

5 奥之院（おくのいん）

石段のゴール。右側が奥之院とよばれる如法堂。左側は阿弥陀如来像が安置された大仏殿。

▲大仏殿はお参りすると悪縁切りのご利益があるといわれている

絶景観賞後は コチラへ

ふもとや 本店（ふもとや ほんてん）

気軽に立ち寄れる休み処

そばなど食事のほか、みやげ品も揃う。さくらんぼソフトクリーム350円が人気。☎023-695-2214 ⏰8時30分～17時30分(季節により変動あり) 休不定休 交JR山寺駅から徒歩5分 MAP P90右下

◀サクランボ果汁がたっぷり

美登屋（みとや）

郷土の味を手打ちそばと

山形の郷土料理「だし」をかけただしそば1200円(4～11月限定)などが味わえる手打ちそばの店。☎023-695-2506 ⏰10時30分～16時(冬期は11～15時) 休不定休 交JR山寺駅から徒歩3分 MAP P90右下

▲だしそばは山形名物

国の重要文化財に指定されている根本中堂(MAP P90右下)では、比叡山から分灯された不滅の法灯を見学できます(拝観200円)。

神秘的な湖・御釜を目指して蔵王の森を爽快ドライブ

全長約26kmの蔵王エコーラインは、蔵王連峰を走る山岳道路。新緑や紅葉など自然の美しさを楽しみながらドライブしましょう。

蔵王(ざおう)ってこんなところ

豊かな自然でリフレッシュ

宮城と山形をまたぐ蔵王連峰は豊かな自然がたくさん。新緑や紅葉、冬の樹氷、神秘的な御釜など美しい風景にふれることができる。山岳道路の蔵王エコーラインと蔵王ハイラインがあり、5月上旬〜10月下旬は爽快なドライブを楽しめる。麓には遠刈田や青根など豊かな温泉が湧く。

問合せ ☎0224-34-2725(蔵王町観光案内所)
アクセス JR仙台駅前高速仙台〜蔵王町線からミヤコーバスで1時間5分、遠刈田温泉下車。※4月下旬〜11月上旬の土・日曜、祝日は遠刈田温泉から蔵王刈田山頂(御釜)までの便あり。東北自動車道村田ICまたは白石ICから遠刈田温泉まで車で25分 MAP P118上

▼ワインディングロードが続く蔵王エコーライン

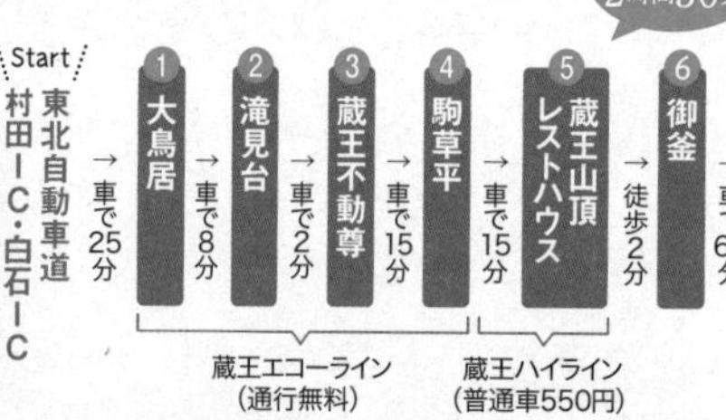

1 大鳥居(おおとりい)

蔵王エコーライン宮城側の入口に立つ。ここから山岳道路がスタート!

☎0224-34-2725(蔵王町観光案内所) 住蔵王町遠刈田温泉 ¥時休見学自由 交バス停遠刈田温泉から車で3分 Pなし MAP P118C2

▲国道457号から県道12号へ入ってすぐの場所にある

2 滝見台(たきみだい)

日本の滝百選に選ばれている三階滝と、不動滝、地蔵滝を同時に見ることができる絶景ポイント。紅葉時期もきれい。

☎0224-34-2725(蔵王町観光案内所) 住蔵王町遠刈田温泉倉石岳国有林地内 ¥時見学自由 休悪天・積雪時 交バス停遠刈田温泉から車で10分 P10台 MAP P118B1

▶三階滝は落差181m。3段に分かれる

▲鋭い眼差しで蔵王の地を守っている

3 蔵王不動尊（ざおうふどうそん）

境内正面に巨大な石像不動明王像を安置。不動滝の滝見台が隣接する。

☎0224-34-2725（蔵王町観光案内所）住蔵王町遠刈田温泉倉石岳国有林地内 ¥🕒見学自由 休悪天・積雪時 交バス停遠刈田温泉から車で12分 P20台 MAP P118B1

4 駒草平（こまくさだいら）

蔵王連峰の眺めがすばらしい絶景スポット。高山植物のコマクサの群生地として知られ、見頃は6月中旬～7月上旬。

☎0224-34-2725（蔵王町観光案内所）住蔵王町遠刈田温泉倉石岳国有林地内 ¥🕒見学自由 休11～4月 交バス停遠刈田温泉から車で30分 P50台 MAP P118A1

❶晴れた日には太平洋が見えることもある
❷高山植物・コマクサの群生が見られる

▲釜に盛り付けた釜カツ丼セット1500円～

5 蔵王山頂レストハウス（ざおうさんちょうれすとはうす）

無料の休憩スペースやレストラン、売店が揃う。御釜までは徒歩3分。

☎なし 住蔵王国定公園内 🕒9～17時（レストランは～15時30分、季節により変動あり）休11～4月 交バス停遠刈田温泉から車で40分 P蔵王ハイライン駐車場350台 MAP P118A2

GOAL!

6 御釜（おかま）

噴火口にできた直径325mのカルデラ湖。湖面は、天候や太陽の位置により色が変化し、五色湖ともよばれている。晴れた日は美しいエメラルドグリーンになることも。夏でも涼しいので上着持参で。

☎0224-34-2725（蔵王町観光案内所）住蔵王国定公園内 ¥🕒見学自由 休11～4月 交JR東北新幹線白石蔵王駅からミヤコーバス遠刈田温泉経由蔵王山頂行きで1時間47分、終点下車（4月下旬～11月上旬の土・日曜、祝日のみ1日1本運行）、徒歩2分 P蔵王ハイライン駐車場350台 MAP P118A1

▲光の当たり方で湖面の色がサッと変わる様子は神秘的

お泊りなら遠刈田温泉へ

温泉山荘 だいこんの花（おんせんさんそう だいこんのはな）

蔵王の麓に佇むくつろぎの湯宿

18室の客室はすべて離れ。趣の異なる4つの無料貸切露天風呂があり、ゆったりと湯巡りを楽しめる。

☎なし（予約・問合せは公式サイトから）¥1泊2食付き平日4万3450円～ 休前日4万6200円～ 🕒IN15時、OUT11時 交バス停遠刈田温泉から徒歩12分 MAP P118C2

▲木立の中で湯を楽しめる貸切露天風呂「雪待ち」

旬菜湯宿 大忠（しゅんさいゆやど だいちゅう）

自慢の料理と湯でおもてなし

蔵王の食材を使った料理と夕食時の無料のドリンクが好評。全10室で、2つの風呂と3つの無料貸切風呂がある。

☎0224-34-2306 ¥1泊2食付き平日2万3250円～ 休前日3万950円～ 🕒IN15時、OUT11時 交バス停遠刈田温泉からすぐ MAP P118C2

▲大浴場のほか、趣の異なる貸切風呂もある

牧場やチーズ工場などが集まる七日原高原（MAP P118C2）も人気スポット。遠刈田温泉から車で約5分です。

カランコロンと下駄を鳴らして鳴子の温泉街をそぞろ歩き

共同浴場やこけし店、食堂などが駅前に集まる鳴子の温泉街。手湯やこけし絵付け体験など、いろいろな楽しみ方ができます。

鳴子温泉郷(なるこおんせんきょう)ってこんなところ

素朴な温泉街とこけしの里

鳴子、東鳴子、川渡、中山平、鬼首の5つの温泉地からなる温泉郷。源泉の数は400本近くあり、日本にある10の泉質のうち7種が湧出するという、湯に恵まれた温泉地のひとつだ。近年、こけしの里としても再注目されている。

問合せ ☎0229-83-3441(鳴子温泉郷観光案内所)
アクセス 仙台駅からJR東北新幹線やまびこなどで13分、古川駅でJR陸羽東線に乗り換え45分、鳴子温泉駅下車。東北自動車道古川ICから鳴子温泉まで車で40分 MAP P118下

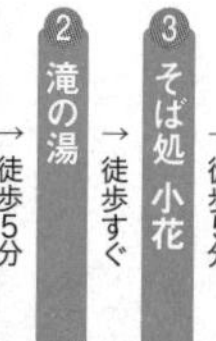
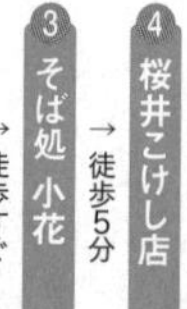
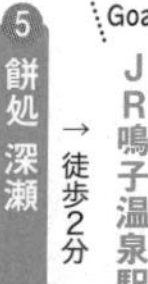

・おすすめコース・

Start JR鳴子温泉駅 →徒歩すぐ → 1 ゆめぐり広場・手湯 →徒歩5分 → 2 滝の湯 →徒歩すぐ → 3 そば処 小花 →徒歩5分 → 4 桜井こけし店 →徒歩すぐ → 5 餅処 深瀬 →徒歩2分 → Goal JR鳴子温泉駅

ぐるっと回って2時間

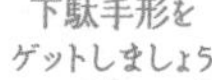

鳴子温泉郷観光案内所では、協賛店で割引や特典などが受けられる「下駄手形」100円を販売している。 8時30分〜18時 MAP P118B3

1 ゆめぐり広場・手湯(ゆめぐりひろば・てゆ)

駅前で気軽に温泉を

無料で利用できる手湯があり、鳴子の温泉を気軽に楽しめる。温泉街にはほかにぽっぽの足湯など無料で気軽に利用できる足湯が点在している。

☎0229-83-4751(鳴子まちづくり株式会社) 住大崎市鳴子温泉湯元 ¥利用無料 9〜20時 休無休 交JR鳴子温泉駅からすぐ MAP P118B3

▲指先からじんわりと温まる

2 滝の湯(たきのゆ)

昔ながらの共同浴場

江戸時代の湯小屋を再現した趣ある共同浴場。青森ヒバ造りの風呂に、日ごとに色が変化する湯が注がれる。浴槽は熱めとぬるめに分かれており、打たせ湯もある。

☎080-9633-7930(滝の湯番台) 住大崎市鳴子温泉湯元 ¥入浴200円 7時30分〜21時(最終受付20時30分) 休無休 交JR鳴子温泉駅から徒歩5分 Pなし MAP P118B3

●風呂:内湯あり、露天なし ●泉質:酸性-含硫黄-ナトリウム・アルミニウム・カルシウム-鉄(I)-硫酸塩泉(硫化水素型)

▲鳴子温泉神社の御神湯として長い歴史をもつ

3 そば処 小花
そばどころ こはな

老舗の名物そばに舌鼓

大正4年(1915)創業の老舗そば店で、地鶏南蛮そば800円が看板メニュー。放し飼いで育てた地鶏を使用しており、コリッとした独特の歯ごたえを楽しめる。10月下旬～11月上旬限定の天然舞茸そば950円も人気。

☎0229-83-2126 住大崎市鳴子温泉湯元87 ⏰11時～19時30分LO 休無休 交JR鳴子温泉駅から徒歩4分 Pなし MAP P118B3

▲スープはカツオやサバなどでダシをとっている

4 桜井こけし店
さくらいこけしてん

絵付け体験に挑戦しよう

伝統の鳴子こけしや木地人形などを扱う店内で、こけしの絵付け(所要30分～、¥2500円～ ⏰10～16時※土・日曜、祝日は9時30分～)ができる。3人以上は要予約。

☎0229-87-3575 住大崎市鳴子温泉湯元26 ⏰10～17時(土・日曜、祝日は9時30分～) 休不定休 交JR鳴子温泉駅から徒歩3分 P3台 MAP P118B3

◀江戸末期から続く店。現在の主人は5代目

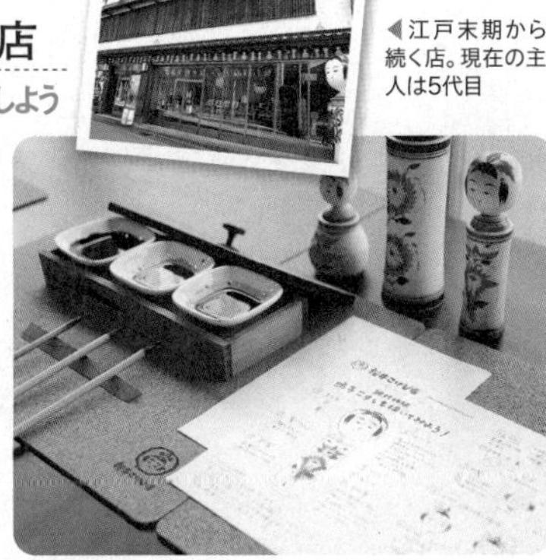
▲和筆と染料を使った本格派の絵付け体験だ

▲伝統こけしから創作こけしまで多彩

5 餅処 深瀬
もちどころ ふかせ

鳴子名物の栗だんご

栗の甘露煮を餅で包んだ鳴子名物・栗だんごで知られる老舗。原材料にこだわる栗だんごは2個400円、5個850円。餅菓子も販売。

☎0229-83-2146 住大崎市鳴子温泉湯元24-2 ⏰8～18時(売り切れ次第終了) 休不定休 交JR鳴子温泉駅から徒歩2分 Pなし MAP P118B3

▶甘さ控えめのみたらし餡が栗の甘みを引き立てる

おすすめ立ち寄りスポットはコチラ

鳴子峡
なるこきょう

新緑や紅葉が美しい渓谷。

☎0229-83-3441(鳴子温泉郷観光案内所) ⏰見学自由 休11月中旬～4月下旬閉鎖 交JR鳴子温泉駅から車で10分 P253台 MAP P118A4

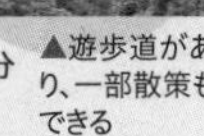
▲遊歩道があり、一部散策もできる

老舗髙亀
しにせたかかめ

髷(まげ)こけしをはじめ、鳩笛3500円など、創作こけしや木地玩具が揃う。

☎0229-83-3431 ⏰7時30分～21時30分 休無休 交JR鳴子温泉駅から徒歩5分 Pなし MAP P118B3

▲カラフルな髷こけし各1300円

湯めぐりチケット1300円を手に入れると鳴子温泉郷の日帰り入浴がお得に！ 鳴子温泉郷観光案内所などで購入を。

つるつる、しっとり、美肌の湯 何度も通いたくなる人気宿

大自然と里山の美食、温泉で、お肌も心もお腹も全部満たせる宿を厳選。
多彩な泉質での湯浴みは、のんびりステイしながら楽しみましょう。

美肌の湯ポイント
名物の「うなぎ湯」は少しぬるりとした感触で肌がツルツルになるといわれている。

鳴子温泉

ゆさやりょかん

ゆさや旅館

江戸時代から続く老舗旅館でゆっくり流れる時間を楽しむ

寛永9年（1632）創業の歴史を誇る老舗旅館。木造2階建ての建物は国の登録有形文化財で、趣あるたたずまい。風呂は、とろりとした感触の「うなぎ湯」を楽しめる内湯と、宿から少し離れた場所にある貸切露天風呂の「茜の湯」がある。露天風呂は愛宕山の自然に囲まれている。宿泊客は隣接の滝の湯（☞P94）も無料で入浴可。

☎0229-83-2565 住大崎市鳴子温泉湯元84 交JR鳴子温泉駅から徒歩4分 送迎あり（要予約）P20台 MAP P118B3

室全14室 ●2012年10月改装 ●風呂：内湯あり 露天あり 貸切あり ●泉質：含硫黄-ナトリウム-硫酸塩・炭酸水素塩泉ほか

❶「うなぎ湯」は天候や気温によってエメラルドグリーンや無色などに色が変化する ❷四季折々の山の風景や夕暮れを眺められる貸切露天風呂 ❸客室は純和風の造り。鳴子の町並みや自然が望める ❹白壁と格子窓が印象的なゆさや旅館の外観

CHECK
1泊2食付き料金
平日1万7100円～
休前日1万8800円～
時間
IN14時、OUT10時

東鳴子温泉

ひゃくねんゆやど りょかんおおぬま

百年ゆ宿 旅館大沼

種類豊富な貸切風呂で湯三昧なひとときを過ごす

2種の源泉から湯を引く宿。大正時代からの石組を生かした露天足湯の「石割の湯」など、5つの風呂が貸切で利用できるのも魅力。食事は旬の食材を使った会席膳や、玄米や野菜が中心のヘルシーな一汁五菜メニューなど。

☎0229-83-3052 住大崎市鳴子温泉赤湯34 交鳴子温泉駅からJR陸羽東線小牛田行きで3分、鳴子御殿湯駅下車、徒歩5分 送迎あり（要予約）P15台 MAP P118C3

室全20室 ●2022年11月改装 ●風呂：内湯あり 露天あり 貸切あり ●泉質：ナトリウム-炭酸水素塩・塩化物・硫酸塩泉ほか

美肌の湯ポイント
老廃物を流し、保湿効果が高いとされる重曹泉の湯。

CHECK
1泊2食付き料金
1万2980円～
2万4750円
時間
IN14時、OUT10時

❶貸切露天風呂「母里の湯」（30分1100円）は自然の美しさを感じられる ❷ヘルシープランでは手作りの一汁五菜メニューを提供 ❸薬師千人風呂は昔ながらの混浴大浴場。女性専用時間もある

源泉かけ流し 部屋食 エステあり 禁煙ルームあり 大浴場あり ひとり宿泊OK インターネット可

川渡温泉

やまふところのやどみやま

山ふところの宿みやま

里山に立つ山荘風の湯宿

湯治宿の本館と、別館2棟からなる宿。別館（1泊2食付き1万7750円～）は、金山杉の美しい木目を生かしたログハウス風のデザインで、ゆったりとした空間。食事は、自家栽培の米や野菜をふんだんに使った里山料理を楽しめる。

☎0229-84-7641 住大崎市鳴子温泉要害91 交JR鳴子温泉駅からJR陸羽東線小牛田行きで8分、川渡温泉駅下車、車で5分 送迎あり（要予約）P10台 MAP P118C4

室全10室 ●1996年10月別館増築 ●風呂：内湯あり 露天なし ●泉質：弱アルカリ性単純温泉

美肌の湯ポイント
弱アルカリ性の単純温泉で低刺激。湯はやわらかな肌ざわり。

CHECK
1泊2食付き料金
平日9280円～（本館）
休前日9280円～（本館）
時間
IN15時、OUT11時

❶内湯も木の質感を生かした造りで、ゆったりとくつろげる雰囲気 ❷大きな窓と吹き抜けが特徴のラウンジ ❸別館の客室は全5部屋で木の温もりを感じるインテリア

美肌の湯ポイント
皮脂や角質層などを溶かし、ツルツルにする作用があるという。

❶開放感がある露天風呂の「鶴亀の湯」や一枚岩をくりぬいた匂薬「石橋の湯」などがある ❷特別室の松島は眺めのいい客室露天風呂付き ❸囲炉裏付きや別棟タイプなど趣が異なる客室

中山平温泉

めいとうひとううなぎゆのやど しゅんじゅあん たくひで

名湯秘湯うなぎ湯の宿 旬樹庵 琢ひで

8つの風呂でとろりとした湯を満喫

四季の彩りを感じる、森林に囲まれた宿。温泉は強アルカリ性で、化粧水のようなとろりとした肌ざわりが特徴。内湯、露天風呂は各4種類あり、「うなぎ湯」とよばれる湯を存分に堪能できる。夕食の会席料理も好評で、宮城の食材を生かした郷土料理が並ぶ。

☎0229-87-2216 住大崎市鳴子温泉星沼20-9 交JR鳴子温泉駅から車で10分 送迎あり（要予約）P30台 MAP P118A4

室全16室 ●2002年10月改装 ●風呂：内湯あり 露天あり ●泉質：含硫黄-ナトリウム-炭酸水素塩・硫酸塩泉

CHECK
1泊2食付き料金
平日1万3000円～
休前日1万6000円～
時間
IN15時、OUT10時

鳴子温泉

なるこほてる

鳴子ホテル

硫黄泉の香りに包まれた大浴場

気温や湿度によって乳白色や透明、緑色など多彩に変化する湯が特徴。総檜造りの「玉の湯」や木の温もりを感じる高野槇桶露天風呂など5つの湯殿が楽しめる。地元の食材を使った料理は、バイキング形式と会席膳から選べる。

☎0229-83-2001 住大崎市鳴子温泉湯元36 交JR鳴子温泉駅から徒歩5分 送迎あり（要予約）P100台 MAP P118B3

室全115室 ●2016年7月改装 ●風呂：内湯あり 露天あり 貸切あり ●泉質：含硫黄-ナトリウム-硫酸塩・塩化物・炭酸水素塩泉

美肌の湯ポイント
内風呂は季節ごとに湯の色が変化。肌ざわりのいい「玉の湯」も人気。

CHECK
1泊2食付き料金
平日1万3200円～
休前日1万6500円～
時間
IN15時、OUT10時

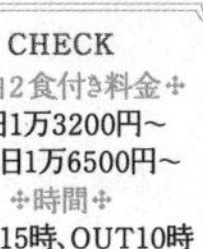

❶芭蕉の湯にはすわり湯や露天風呂もある ❷バイキングは50種類ほどの料理が並ぶ ❸足湯を備える客室もある

古くから湯治場として知られる鳴子温泉郷。湯治向きのシンプルなプランを用意する宿も多く、ゆっくり連泊もおすすめです。

東北有数の港町で グルメとマンガのスポットを巡る

仙台駅から電車で1時間

仙台市に次ぐ宮城の大都市・石巻は、港町として栄えた町。
駅前に点在するマンガスポットを巡りながらご当地グルメも堪能しましょう。

石巻(いしのまき)ってこんなところ

日本屈指の水揚げを誇る港町

サンマやサバ、カツオなど年間約14万トンの水揚げを誇る石巻漁港を中心に栄える。昭和を代表する萬画家・石ノ森章太郎(いしのもりしょうたろう)ゆかりの地でもあり、駅前には人気キャラクターの像が点在。海鮮グルメにマンガに、楽しみ方もいろいろ。

問合せ ☎0225-93-6448(石巻観光協会)
アクセス 仙台駅からJR東北本線、JR仙石東北ラインで57分。三陸自動車道石巻河南ICから石巻駅まで車で10分
MAP 折込裏E6

石ノ森作品『サイボーグ009』や『仮面ライダー』の像があちこちに

おすすめコース
START JR石巻駅
徒歩12分

©石森プロ・東映

1 石ノ森萬画館(いしのもりまんがかん)

1 歴代ライダーのマスクが勢揃いする展示は圧巻 2 宇宙船をイメージした建物

憧れのヒーローに会いに行く

宮城県出身の萬画家・石ノ森章太郎のミュージアム。貴重な原画や立体的に作品の世界を体験できる展示がある。そのほか、オリジナル映像の上映やワークショップなども開催している。

☎0225-96-5055 住石巻市中瀬2-7 ¥入館900円 ⏰9～17時 休火曜(祝日の場合は翌日)※除外日あり(公式サイトを要確認) 交JR石巻駅から徒歩12分 P契約駐車場利用 MAP P98

2階 常設・企画展示室

『仮面ライダー』や『サイボーグ009』などの世界を立体的に再現した常設展。体験アトラクションもある(有料)。

3階 学習・体験ゾーン

常時6000冊以上のマンガを保管するライブラリーや、マンガについて楽しく学べるエリア。

カフェ&みやげもチェック!

3階 BLUE ZONE
チキラーセット 770円

石ノ森先生の思い出の味を再現した、3階展望喫茶室の定番人気メニュー

1階 墨汁一滴
金平糖缶 680円

マンガのキャラクターが描かれた缶入り。食べた後は小物入れとしても利用できる

太平洋を見渡せる日和山公園に立ち寄ろう

4月上～中旬には6種類約400本の桜、5月中～下旬には10種類約460株のツツジが咲き誇る。高台にあり、遠く松島まで見渡せることも。☎0225-95-1111（石巻市観光課）MAP P98

徒歩2分

2 いしのまき元気いちば

いしのまきげんきいちば

石巻の「おいしい」が大集合

農家から毎朝届けられる野菜や、石巻で水揚げされた鮮魚、老舗が作る味噌などの調味料や加工品がずらりと揃う。2階のフードコートでは、海鮮丼やご当地ラーメンを提供している。

▲みやげ選びにはマストで立ち寄りたい観光交流施設

☎0225-98-5539 住石巻市中央2-11-11 ⏰9～19時(2階は11時～)※季節により変動あり 休無休 交JR石巻駅から徒歩10分 P219台 MAP P98

徒歩1分

イタリアンバーグ 700円
鯨の霜降り希少部位「須の子」を使用した鯨肉100%のハンバーグ

オイスターパテ 120g 1296円
宮城県産のカキとこだわりの食材を使用したオイスターパテ

サバだしラーメン 2食入り1080円
三陸産のサバでダシを取ったあっさり味のラーメン。サバの塩焼き付き

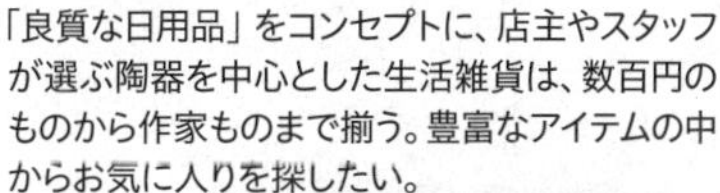

▲全国各地の作家の作品も扱う。一点物が多いので迷わず購入を

3 観慶丸本店

かんけいまるほんてん

江戸時代から続く老舗陶器店

「良質な日用品」をコンセプトに、店主やスタッフが選ぶ陶器を中心とした生活雑貨は、数百円のものから作家ものまで揃う。豊富なアイテムの中からお気に入りを探したい。

☎0225-22-0151 住石巻市中央2-8-1 ⏰10～18時 休火曜 交JR石巻駅から徒歩9分 P6台 MAP P98

▶老舗だからこそのレトロなラインナップもある

徒歩1分

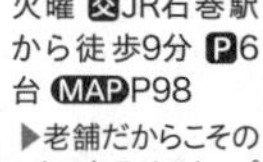

4 IRORI石巻

いろりいしのまき

休憩もできる石巻のハブ

石巻市内の観光情報などを入手できるハブ的存在。店内では石巻のクラフトビールや自家製ジュースを提供するほか、市内の工房で作る雑貨なども販売。ちょっとした休憩や、おしゃれな雑貨みやげ探しに立ち寄るのもいい。

☎0225-25-4953 住石巻市中央2-10-2 ⏰10～19時 休無休 交JR石巻駅から徒歩8分 Pなし MAP P98

1

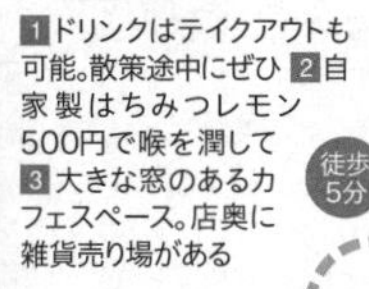

2

3

1 ドリンクはテイクアウトも可能。散策途中にぜひ 2 自家製はちみつレモン500円で喉を潤して 3 大きな窓のあるカフェスペース。店奥に雑貨売り場がある

徒歩3分

徒歩5分

GOAL JR石巻駅

1

2

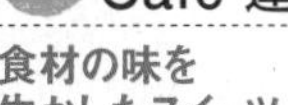

5 Cafe 蓮

かふぇ れん

食材の味を生かしたスイーツ

農家出身のパティシエが作るスイーツが話題のカフェ。季節感を大切にし、丁寧に仕込むことで食材そのものの味を最大限に引き出す。日替わりのランチメニューもある。

☎070-1141-5238 住石巻市立町2-7-26 ⏰11～18時(イートインは～17時) 休月・火曜 交JR石巻駅から徒歩5分 Pなし MAP P98

1 ケーキはドリンクとセットで814円～。写真はイチジクのタルト 2 築100年以上の長屋をリノベーションした店

JR東日本では在来線で利用できるWきっぷを販売。石巻↔あおば通は2枚組で1560円なので仙台～石巻の往復利用にお得です。

実は、石巻って“アートの街”なんです

震災から10年の節目に誕生した「マルホンまきあーとテラス」はじめ、石巻市内には気軽にアートにふれられるスポットが点在しています。

まるほんまきあーとてらす
いしのまきしふくごうぶんかしせつ

マルホンまきあーとテラス 石巻市複合文化施設

石巻市の文化芸術活動の拠点

震災で被害を受けた石巻市民会館と石巻文化センターに替わる、市民の新たな文化芸術活動の拠点施設としてつくられた。手がけたのは大阪・関西万博の会場デザインプロデューサーを務める建築家の藤本壮介氏。街並みを思わせる、家が連なったような外観が印象的だ。大小2つのホールや、常設展示室と企画展示室からなる博物館、市民ギャラリーなどがある。☎0225-98-5630 住石巻市開成1-8 ¥入館無料（施設により異なる）時9～22時（施設により異なる）休月曜（祝日の場合は翌日）交JR石巻駅から車で12分 P347台 MAP折込裏E6

ロビーの天井高は最も高い所で約26m

▲地上4階建ての真っ白な建物が目をひく

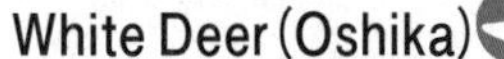

かいがんせんのびじゅつかん

海岸線の美術館

巨大な防潮堤がキャンバス

雄勝湾に面して築かれた、高さ最大10m、全長約3.5kmの防潮堤に、壁画を描いて展示する野外美術館。写真は壁画タイトル：THEORIA（テオリア）壁画制作者：安井鷹之介。

☎なし 住石巻市雄勝町上雄勝2-22 みうら海産物店裏 ¥時休見学自由 交JR石巻駅から車で40分 P20台 MAP折込裏E5

©海岸線の美術館

ほわいとでぃあ（おしか）

White Deer (Oshika)

白いビーチにたたずむ白い鹿

牡鹿半島・萩浜のビーチにある、高さ6mの白い鹿の彫刻。彫刻家・名和晃平氏の作品で、インターネット上に現れた「迷い鹿」（鹿の剥製）を取り寄せ、3Dスキャンして得たデータを元に制作された。

☎0225-90-4726（Reborn-Art Festival事務局）住石巻市荻浜 ¥見学無料 時10～17時（変更の場合あり）休無休 交JR渡波駅から車で20分 P10台 MAP折込裏E6

photo: Yukihide Nakano

いしのまきのきわまりそう

石巻のキワマリ荘

石巻在住の作家が共同運営

木造2階建ての民家を改装したアートスペースで、石巻を拠点に活動するアーティストが共同で運営している。1・2階合わせて4つのギャラリーがあり、さまざまなテイストの作品を一度に楽しめる。

☎なし 住石巻市中央2-4-3 ¥入館無料 時11～18時 休月～金曜、祝日 交JR石巻駅から徒歩10分 Pなし MAP P98

黄金文化を今に伝える
平泉の世界遺産を訪ねましょう

2011年に「平泉―仏国土（浄土）を表す建築・庭園及び考古学的遺跡群―」として世界文化遺産に登録された平泉。中尊寺と毛越寺の二大寺院を中心に、ランチやお茶を楽しみながら散策を楽しみましょう。伝統工芸品のみやげも忘れずに。

これしよう！

世界遺産に登録されている中尊寺（☞P104）と毛越寺（☞P106）への参拝や史跡巡りは必須。みやげやランチも充実。

access

電車

仙台駅
JR東北新幹線やまびこ31分
一ノ関駅
JR東北本線8分
平泉駅

車

仙台宮城IC
東北自動車道88km
一関IC
県道300号で8km
平泉駅

問合せ
☎0191-46-2110（平泉観光協会）
MAP P119

巡回バス「るんるん」を活用

バス停平泉駅前を起点に、町内の主要な観光地を巡回。土・日曜、祝日の10時15分～16時15分に運行。乗り降り自由な1日フリー乗車券がお得。☎0191-23-4250（岩手県交通一関営業所）¥乗車200円（1日フリー乗車券550円）休冬期運休

レンタサイクル スワローツアーも便利

寺院や史跡巡りは自転車を利用するのも便利。貸出所は平泉駅北隣り。☎0191-46-5086 ¥一般車4時間700円（以降、1時間ごとに300円、1日1400円）🕒4～11月の8時30分～17時 休期間中無休、荒天時は要問合せ

語り部タクシーも人気

平泉観光協会の認定試験に合格したドライバーが、観光地を案内してくれる。モデルコースのほか、希望に応じたコースに変更することも可能。申込みは各タクシー会社へ（要予約）。☎0191-46-2110（平泉観光協会）¥1時間6280円～

黄金文化を今に伝える世界遺産

平泉

ひらいずみ

秀衡（ひでひら）塗をみやげに

こんなところ

平安時代に奥州藤原氏の都として栄えた平泉。2011年6月、黄金文化の象徴である金色堂を有する中尊寺（ちゅうそんじ）や浄土思想を体現した庭園の残る毛越寺（もうつうじ）、観自在王院跡（かんじざいおういんあと）や無量光院跡（むりょうこういんあと）などが世界文化遺産に登録された。みどころは巡回バス「るんるん」を利用して巡ってみよう。

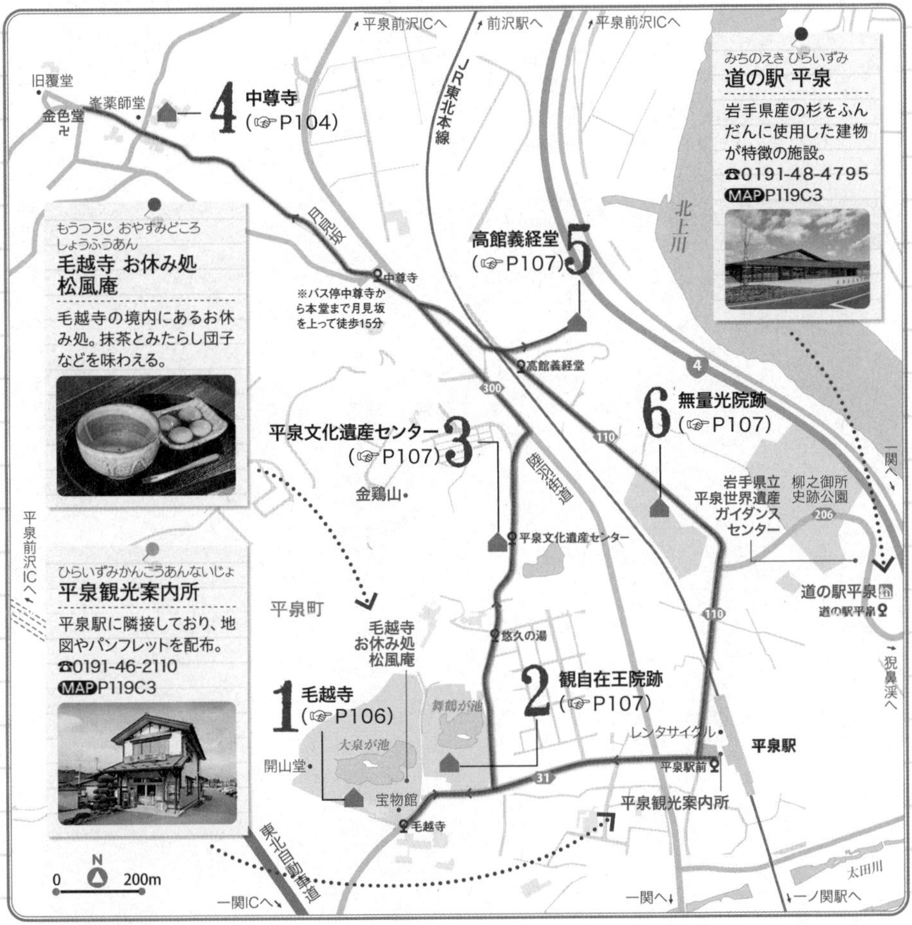

～平泉 はやわかりMAP～

4 中尊寺（☞P104）

5 高館義経堂（☞P107）

3 平泉文化遺産センター（☞P107）

6 無量光院跡（☞P107）

1 毛越寺（☞P106）

2 観自在王院跡（☞P107）

みちのえき ひらいずみ
道の駅 平泉
岩手県産の杉をふんだんに使用した建物が特徴の施設。
☎0191-48-4795
MAP P119C3

もうつうじ おやすみどころ しょうふうあん
毛越寺 お休み処 松風庵
毛越寺の境内にあるお休み処。抹茶とみたらし団子などを味わえる。

ひらいずみかんこうあんないじょ
平泉観光案内所
平泉駅に隣接しており、地図やパンフレットを配布。
☎0191-46-2110
MAP P119C3

※バス停中尊寺から本堂まで月見坂を上って徒歩15分

旧覆堂 金色堂 弁慶堂 讃衡蔵 月見坂 中尊寺 高館義経堂 JR東北本線 北上川 金鶏山 平泉町 悠久の湯 舞鶴が池 大泉が池 開山堂 宝物館 毛越寺 平泉文化遺産センター 岩手県立平泉世界遺産ガイダンスセンター 柳之御所史跡公園 道の駅平泉 レンタサイクル 平泉駅 平泉駅前 平泉観光案内所 東北自動車道 太田川 平泉前沢ICへ 前沢駅へ 一関へ 猊鼻渓へ 一関ICへ 一ノ関駅へ 0 200m

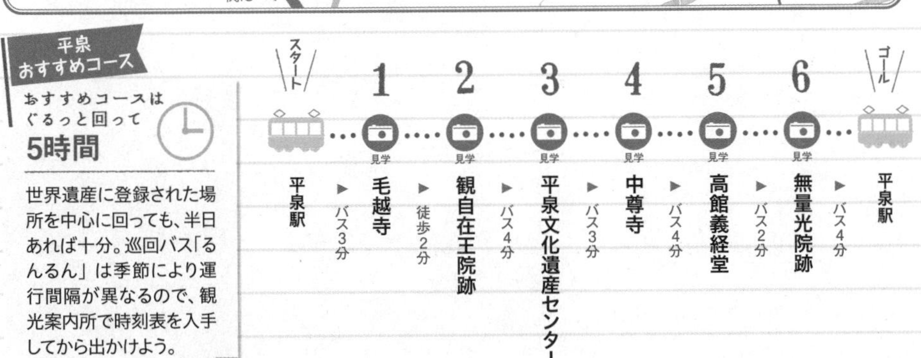

世界遺産に登録された場所を中心に回っても、半日あれば十分。巡回バス「るんるん」は季節により運行間隔が異なるので、観光案内所で時刻表を入手してから出かけよう。

きらびやかな金色堂に感動！黄金文化の象徴・中尊寺へ

拝観所要 2時間

東北を代表する大寺院である中尊寺は、世界遺産・平泉の中心スポット。
平泉の黄金文化の象徴、金箔と螺鈿に彩られた金色堂は、神々しい美しさ。

▲金色堂を護る新覆堂は昭和40年（1965）に完成した

中尊寺

ちゅうそんじ

初代の藤原清衡が造営した天台寺院

嘉祥3年（850）、比叡山延暦寺の慈覚大師円仁が開山したと伝わる。奥州藤原氏の初代・清衡が、12世紀初頭、前九年、後三年の合戦で失った命を弔うため、20年の歳月をかけて整備し、金色堂などの大伽藍を完成させた。2011年に登録された平泉の世界文化遺産の中心施設で、今も当時の姿をとどめる金色堂をはじめ、数々の文化財を収める讃衡蔵などで歴史の重みを感じられる。

☎0191-46-2211 住平泉町平泉衣関202 ¥拝観800円 ◷8時30分～17時（11月4日～2月末日は～16時30分） 休無休 交JR平泉駅から巡回バス「るんるん」で10分、中尊寺下車、本堂へは月見坂を上って徒歩15分 P町営駐車場利用600台（1日400円） MAP P119A1

それでは
境内を参拝！

奥州藤原氏とは…

平安時代、藤原清衡、基衡、秀衡、泰衡の四代にわたり奥州を支配。豊富にとれた金を背景に権力を極め、仏教の浄土思想に基づいて、中尊寺や毛越寺（☞P106）などの寺院を造営。平安時代後期に最盛期を迎え、文治5年（1189）源　頼朝により滅ぼされるまでの約100年、繁栄した。

▲入母屋造の大屋根が特徴

1 本堂

中尊寺一山の中心寺院。明治42年（1909）築。本堂本尊は釈迦如来。比叡山延暦寺から分火された不滅の法灯が灯る。

徒歩4分

2 讃衡蔵

仏像や経典、奥州藤原氏の副葬品など、3000点以上の文化財を収蔵。重要文化財に指定された三体の丈六仏などの仏像や、金色堂の装飾具、紺地の経典などは必見。

▲平安時代末期の作といわれる丈六仏

徒歩2分

3 金色堂

四方を金箔で彩られた阿弥陀堂で、天治元年（1124）に初代・清衡が建立。本尊の阿弥陀如来を中心に33体の仏像を安置。4本の巻柱には螺鈿や蒔絵、透かし彫りなどが施されている。藤原氏三代の霊廟でもあり、須弥檀の中には清衡、基衡、秀衡のご遺体と泰衡の首級が納められている。

▲2024年で金色堂建立900年を迎える

▲中尊寺唯一の創建遺構

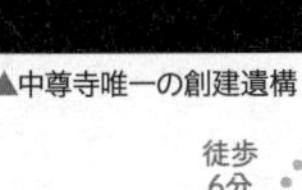

徒歩2分

4 旧覆堂

金色堂を護るために建てられたお堂で、重要文化財。旧覆堂は昭和40年（1965）、現在の場所に移築。堂内には互いに向き合う秀衡と源義経の様子が描かれている。

▲松尾芭蕉はこの覆堂の中で金色堂に参拝したという

徒歩6分

5 茶室 松寿庵

松寿庵の説明付きの茶券1000円を購入し、茶室で抹茶と和菓子がいただける。

🕘9～16時（11月4日～3月31日は9時30分～15時30分、要問合せ）休2023年8月現在休業中、要問合せ

▲春から夏は庭を眺めながら一服できる

中尊寺光勝院では座禅体験、写経体験（各1000円）を実施しています（要予約）。

平泉の重要スポット 世界遺産の史跡を巡ろう

仏の世界を再現した浄土庭園のある毛越寺をはじめ、奥州藤原氏の栄華に思いを馳せながら、ゆかりの地を歩いてみましょう。

1 東西約180m、南北約90mの大泉が池内の池中立石。庭園は1周30～40分程度 2 境内最古の建物「常行堂」に安置されている宝冠阿弥陀如来（ほうかんあみだにょらい） 3 平安様式の本堂。現在の建物は平成元年（1989）に再建されたもの 4 6月中旬～7月中旬には境内に約3万株のアヤメが咲き誇る

毛越寺（もうつうじ）

所要時間 1時間

平安の風雅を伝える浄土庭園は必見

平安時代初期の嘉祥3年（850）、慈覚大師円仁（じかくだいしえんにん）創建と伝わる。二代藤原基衡（ふじわらもとひら）、三代秀衡（ひでひら）により金堂円隆寺や浄土庭園などが造営され、最盛期には堂塔40以上、僧坊は500人を超え、中尊寺にも勝る規模を誇ったという。度重なる災禍によって伽藍（がらん）は消失したが、往時の面影を偲ばせる大泉が池を中心とする浄土庭園や伽藍遺構などが残り、国の特別史跡、特別名勝に指定されている。

☎0191-46-2331 住平泉町平泉大沢58 ¥拝観700円 ⏰8時30分～17時（11月5日～3月4日は～16時30分）休無休 交JR平泉駅から徒歩10分、または巡回バス「るんるん」で3分、毛越寺下車すぐ P300台（1日300円）MAP P119B4

経塚もある
円錐形の山が
信仰の中心

標高98.6mの「金鶏山(きんけいさん)」。毛越寺や観自在王院、無量光院の庭園はこの山に焦点を合わせて設計されている。平泉の信仰の中心といってもいい存在だ。☎0191-46-4012(平泉文化遺産センター) MAP P119B3

ひらいずみぶんかいさんせんたー
平泉文化遺産センター

見学所要30分

平泉の歴史と文化が一目でわかる

奥州藤原氏の歴史を中心に、平泉文化の概要をパネルや映像を使ってわかりやすく解説。平泉の発掘調査で出土した考古学資料もあり、当時の様子などを知ることができる。観光前に立ち寄れば、史跡散策をより楽しめる。

☎0191-46-4012 住平泉町平泉花立44 ¥入館無料 ◷9～17時(最終入館は16時30分) 休不定休 交JR平泉駅から巡回バス「るんるん」で7分、平泉文化遺産センター下車すぐ P34台 MAP P119B3

1 奥州藤原氏の歴史や中尊寺(☞P104)の完成までの歴史など、年表を使って解説
2 観光のビジターセンターとしての役割をもつ施設

かんじざいおういんあと
観自在王院跡

見学所要15分

庭園が残るのどかな史跡公園

毛越寺の目の前にある寺院跡。2代基衡の妻が建立したと伝わる。池の北側に大小2つの阿弥陀堂があったという。

☎0191-46-4012(平泉文化遺産センター) 住平泉町志羅山 ¥◷休見学自由 交JR平泉駅から徒歩8分、または巡回バス「るんるん」で3分、毛越寺下車、徒歩3分 Pなし MAP P119B4

▲発掘調査後に史跡公園として整備された。平安時代の作庭方法で復元された舞鶴が池

たかだちぎけいどう
高館義経堂

見学所要20分

平泉を一望できる高台のお堂

4代泰衡に襲われた源義経が妻子と自害した終焉の地と伝わる地にあるお堂。天和3年(1683)建立。

☎0191-46-3300 住平泉町平泉柳御所14 ¥拝観300円 ◷8時30分～16時30分(11月5～20日は～16時) 休11月21日～3月14日 交JR平泉駅から巡回バス「るんるん」で14分、高館義経堂下車、徒歩5分 P25台 MAP P119B2

▲仙台藩四代藩主の伊達綱村(だてつなむら)が義経を偲んでお堂を建立したといわれている

むりょうこういんあと
無量光院跡

見学所要15分

平等院鳳凰堂を模した寺院跡

宇治の平等院鳳凰堂を模した寺院があった場所だが、現在は礎石のみが残る。発掘調査と復元作業が進行中。

☎0191-46-4012(平泉文化遺産センター) 住平泉町平泉花立 ¥◷休見学自由 交JR平泉駅から徒歩8分、または巡回バス「るんるん」で16分、無量光院跡下車すぐ Pなし MAP P119C3

▲本堂の背景に金鶏山、園池の大小3つの島には仏堂、拝所、舞台があったとされている

奥州藤原氏の政治拠点だった場所が史跡として残る「柳之御所史跡公園」にはガイダンス施設もあります(MAP P119C3)。

ホッと一息。郷土の香りを感じる平泉のランチタイム

平泉散策の途中に立ち寄りたい食事スポットはホッと落ち着ける空間で。
カフェでのランチもよし、伝統の餅御膳やわんこそばをいただくのもよし。

さと
SATO

駅前の隠れ家的なカフェで地元食材を使ったオリジナル料理を

「丁寧さと愉しさ」をテーマにした料理を提供する駅前のカフェ。作り手の見える野菜や調味料を中心に調理されるメニューは、どれもホッとできるやさしい味わい。季節で変わるスイーツも絶品揃い。東北で手作りされた調味料各種の販売もある。

☎0191-48-5011 住平泉町平泉泉屋73-4 ⏰11時30分～17時30分 休月・火曜 交JR平泉駅からすぐ P8台 MAP P119C4

特製ロールキャベツ定食 1280円
香草をたっぷり使ったロールキャベツに、サラダなどの季節の野菜を使った総菜が付く

▶暮らしを彩るナチュラルテイストの雑貨はみやげに

1 スイーツは季節で変わる。写真はばっけ（フキノトウ）とゴルゴンゾーラチーズのロールケーキ540円 2 入口の扉が小さいので見逃し注意！

きっさこ じゅげむ
喫茶去 じゅげむ

のんびり過ごせるレトロな雰囲気の学校カフェ

大きな黒板や学校机などが並ぶ、昭和世代には懐かしさを感じる学校をテーマにしたカフェ。季節の野菜を使用した定食やカレーなど、メニューもレトロ感を感じる。10種類以上ある自家製のパンはテイクアウトも可能。そのほかみやげにもちょうどいい雑貨も販売している。

☎0191-48-5227 住平泉町平泉柳御所157-3 ⏰9時30分～14時LO(物販は～14時30分) 休水・木曜 交JR平泉駅から徒歩6分 P10台 MAP P119C3

じゅげむじゅげむの給食ランチ 1200円
照り焼きチキンをメインに、小鉢などが付く。アルミの皿や先割れスプーンが懐かしさを感じる

1 店内で焼き上げるパンも各種販売。午後は品薄になることも 2 無量光院跡（☞P107）のすぐ近くにある店

◀レトロな玩具や、みやげにもぴったりな雑貨の販売もある

地元の野菜や果物をふんだんに使用したジェラートを

「KOZENJI cafe（こぜんじかふぇ）」では、地元産の旬の野菜や果物を使ったジェラート（シングル360円～）を提供。季節限定品も含めて常時10種類以上。イートインもOK。
☎0191-46-3066 MAP P119C4

きになるおやすみどころ ゆめのかぜ
きになるお休み処 夢乃風

つきたて餅を伝統の御膳で食す

平泉産のもち米・こがねもちを使用した餅は、あんこやゴマなど全8種類、各550円で提供。いろいろ食べたい人は、御膳形式で提供している藤原三代お餅膳をぜひ。

☎0191-46-2641 住平泉町平泉花立11-2 ⏰10～18時 休無休（12～3月は不定休）交JR平泉駅から徒歩13分 P10台 MAP P119B2

▲明るい店内。そばなどのメニューもある

藤原三代お餅膳 1210円
あんこ、ずんだ、ショウガなど6種類で食べられる。雑煮付き

▲100年以上続く歴史ある店で伝統の食べ方を

えきまえばしょうかん
駅前芭蕉館

平泉流のわんこそばの元祖

ひと口サイズのそばが盛られた小鉢が並んぶ御膳の形で提供される、平泉流のわんこそばを食べられる老舗。1セット24杯で、おかわりは12杯まで無料。マグロや山かけ、スジコなどの薬味も盛りだくさん。

☎0191-46-5555 住平泉町平泉泉屋82 ⏰10～15時 休不定休 交JR平泉駅からすぐ P8台 MAP P119C3

わんこそば 2000円
伝統工芸品・秀衡塗（ひでひらぬり）で提供される盛り出し式

いせきや
衣関屋

中尊寺のそばで郷土の味を

1階に売店、2・3階に食事処がある。食事処では盛り出し式のわんこそばや盛岡冷麺、つきたての餅など、岩手ならではの味覚を提供している。

☎0191-46-2733 住平泉町平泉衣関34-2 ⏰9～17時（食事処は10～16時）休無休（12～3月は不定休）交バス停中尊寺からすぐ P町営駐車場利用455台（1日400円）MAP P119B2

▲1階の売店では県内各地の特産品を販売

秀衡御膳 1800円
そばやずんだ餅などが付いて食べ応え十分。郷土の味を楽しめる

平安末期から続くといわれている伝統工芸品・秀衡塗。地元原産の漆と金箔を贅沢に使用した器にも注目です。

華やかな黄金文化を伝える とっておきの平泉みやげ

モダンなデザインの伝統工芸品や黄金文化をイメージした銘菓など、世界遺産・平泉の逸品を持ち帰りましょう。

翁知屋（おおちや）

秀衡塗をモダンにアレンジ

平泉の伝統工芸品である秀衡塗（ひでひらぬり）の老舗で、現在は5代目が技を受け継いでいる。秀衡塗は、黒、朱、金を基調にした格調高い色使いと草木の文様が特徴。店内には器や小物が所狭しと並んでいる。

☎0191-46-2306 住平泉町平泉衣関1-7 ⏰9～17時 休水曜 交バス停中尊寺から徒歩3分 P10台 MAP P119B2

▲漆器販売のほか、うるし塗り体験も行っている

溜（ため）ゆい 各9680円

色鮮やかな漆うるしの髪結い。ボタンやペンダントなどにアレンジ可能

玉小箱 1個1万2100円（帽子付き1万3200円）

秀衡塗と鳴子こけしのコラボ商品。小物入れにも、インテリアにもOK

螺鈿（らでん）ストラップ 各4840円

螺鈿職人との共作。柄は中尊寺華唐草文様（けからくさもんよう）と中尊寺ハス柄がある

秀衡八角箸 各6600円

布で拭きながら漆を塗り重ねて、木目を生かす拭き漆仕上げ。黒地、赤地に金箔で秀衡文様が施されている

栃とちぐいのみ 各6050円

菱形の金箔をあしらったトチノキの酒器。黒、朱、木目の3種類がある

岩手県内のぬくもりある工芸品もおみやげに

中尊寺の近くにある、落ち着いたたたずまいのギャラリー「せき宮（みや）」。岩手の工芸品を中心に、陶器や漆器、鉄器、木工品、染織物などを扱う。写真は南部鉄器の鍋敷き各3300円。
☎0191-46-2070 MAP P119B1

椿茶（丸筒）
756円（2g×6ティーバッグ）
三陸海岸で津波にも負けずに自生している椿の葉を使用。九戸甘茶をブレンドし、すっきりした甘さに仕上げている

平泉金宝漬
4860円（360g）
中村屋の三陸海宝漬、黄金のうに、数の子松前漬の3種類がセットになった平泉限定品

平泉レストハウス（ひらいずみれすとはうす）

中尊寺門前のお休み処

平泉はもちろん東北の特産品が揃うショッピングコーナーがあり、工芸品や銘菓など幅広い品揃え。オリジナル商品も充実している。

☎0191-46-2011 住平泉町平泉坂下10-7 ⏰8時40分～17時（12～3月は9～16時）休無休（12～3月は不定休）交バス停中尊寺からすぐ P200台（年始、GW、お盆時などは1日400円）MAP P119B2

▲餅料理などを味わえるレストランもある

特産品プラザ らら・いわて 平泉店（とくさんひんぷらざ らら・いわて ひらいずみてん）

月見坂手前で立ち寄りやすい

平泉を中心に県内の銘菓や工芸品を厳選して取り揃えている。地元の生乳を使ったソフトクリームや前沢牛コロッケなどテイクアウトグルメも販売。

☎0191-48-3637 住平泉町平泉衣関39 ⏰9時30分～17時 休無休（12～3月は水曜）交バス停中尊寺からすぐ P町営駐車場利用455台（1日400円）MAP P119B2

平泉黄金バウム
2160円
黄金文化をイメージしたゴージャスなバウムクーヘン。平泉町限定商品（数量限定）

▲中尊寺の月見坂の手前にあり、立ち寄りに便利

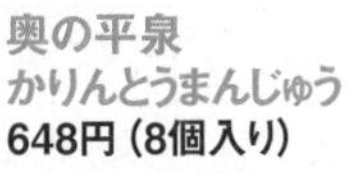

奥の平泉 かりんとうまんじゅう
648円（8個入り）
こがし蜜を練り込んだ皮で、餡を包んだ揚げまんじゅう。黒糖とくるみ味がある

中尊寺の讃衡蔵隣にある売店でもオリジナルの雑貨を販売。拝観券がなくても利用できます。

松焚祭(どんと祭)会場 P.124
大崎八幡宮
第一中
春日神社
八幡小
東北大星陵キャンパス
東北大病院
東北大学病院前
北四番丁駅
木町通小
P.67 BAR Andy
P.68 歓の季
仙台厚生病院
厚生病院前
作並街道
八幡一丁目
龍宝寺入口
西友
みやぎ生協
宮城第一高
宮城一高前
交通局東北大学病院前
仙台木町通局
P.57 中国料理 東龍門
木町通一丁目
P.53 今人懐石 yas
ホテルグリーンライン
P.26 和菓子まめいち
春日神社
尚絅学院高
尚絅学院中学・高校前
山津見神社
角五郎一丁目
P.26 SENDAI KOFFEE CO.
澱橋
仙台赤門自動車学校
P.27 せんだいメディアテーク
市民会館前
P.26 ギャラリー杜間道
定禅寺通
春日町
P.26 ホテルグリーンパーク
P.29 宮城県美術館
P.26 かき氷 梵くら
P.33・124 SENDAI光のページェント会場
定禅寺ストリートジャズフェスティバル P.33
P.43 UP.BAKER 定禅寺本店
仙台第二高
川内庭球場
川内トンネル
仙台西道路
仙台二高前
二高・宮城県美術館前
国際センター駅・宮城県美術館前
為朝神社
仲の瀬橋
桜ケ岡公園
立町小
ホテルグリーンアーバ
仙台川内局
川内亀岡
川内駅
川内体育館
川内北キャンパス 厚生会館
国際センター駅
地下鉄東西線
国際交流センター
川北合同研究棟
立町小学校前
P.57 紅龍 大町店
鉄板焼 すていき小次郎 P.52
桜岡大神宮
西公園
大町
杜のホテル仙台
大町西公園駅
晩翠草堂前
百周年記念会館
仙台国際センター
東北大附図書館
東北大
大橋
五色沼
仙臺緑彩館
高等裁判所前
仙台家庭裁判所
仙台高等裁判所
評定河原公園
伊達家伯記念會
片平丁小
片平丁小学校前
仙台市博物館 P.22
長沼
広瀬川
青葉山
公園造成中
青葉山公園
P.25 レストラン パリンカ
P.25 BABEL858
穴蔵神社
仙台城見聞館
伊達政宗公騎馬像
昭忠塔
蛎崎稲荷大明神
P.20 仙台城跡
宮城県護國神社
青葉城本丸会館
伊達の牛たん本舗 青葉城店 P.21
青葉城フードコート P.21
花壇自動車大学校
瑞鳳寺
瑞鳳殿 P.24
経ケ峯公園
仙台城跡南
太白区
仙台広域図
0 300m
徒歩約4分
岩手県
山形県
宮城県
新庄
一関
栗原
大崎
山形
仙台
塩釜
石巻
112-113

すき焼・割烹 かとう P.53
仙台・青葉まつり会場 P.33
定禅寺ストリートジャズフェスティバル P.33
東北工芸製作所 P.34
仙臺アビルヴァン和牛 P.53
中国料理 龍亭 P.56
ホテル白萩
ロイヤルメイフラワー仙台
ビジネスホテルエクセル
Pâtisseries Glaces Kisetsu P.27
みちのくYOSAKOIまつり会場 P.124
P114-115 仙台中心図
仙台市青葉区
宮城野区
若林区
三井ガーデンホテル仙台
ホテルJALシティ仙台
ホテルモンテ エルマーナ仙台
コンフォートホテル仙台東口
ホテルグランテラス仙台国分町
ホテルプレミアムグリーンプラス
いたがき本店 フルーツカフェ P.63
東横INN仙台東口1号館
丘のホテル
仙台駅
ダイワロイネットホテル仙台
仙台ガーデンパレス
ホテルメトロポリタン仙台
ホテルモントレ仙台
テンザホテル・仙台ステーション
東武ホテルグループ仙台国際ホテル
ベチカ堂 P.37
P.52 花牛
P.44 ウェスティンホテル仙台
P.35 せんだいスーベニア
東横INN仙台駅西口中央
P.60 村上屋餅店
P.37 カメイ美術館
ANAホリデイ・イン仙台 P.45
café Mozart Atelier P.63
P.59 中国めしや 竹竹
広瀬通駅
あおば通駅
青葉通一番町駅
宮城野通駅
五橋駅
榴ヶ岡駅
連坊駅
勾当台公園駅
東北本線・仙山線
東北新幹線
東北本線
地下鉄東西線
地下鉄南北線
岩切・北仙台駅へ
古川駅へ
苦竹ICへ
薬師堂駅へ
白石蔵王駅へ
名取駅へ

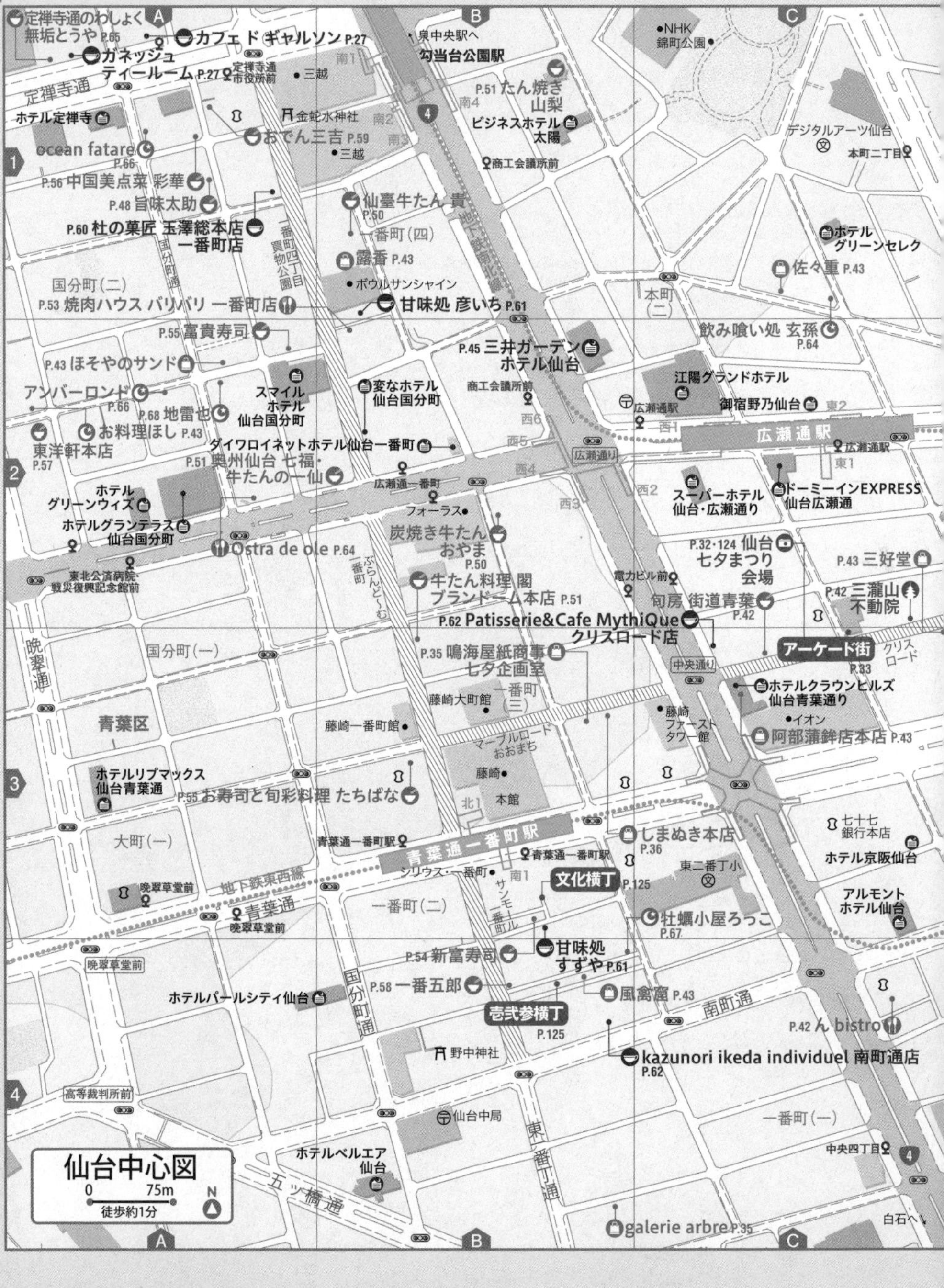

仙台中心図

0 75m
徒歩約1分

定禅寺通のわしょく
無垢とうや P.65
カフェ ド ギャルソン P.27
ガネッシュ
ティールーム P.27
定禅寺通
市役所前
三越
泉中央駅へ
勾当台公園駅
NHK
錦町公園
定禅寺通
ホテル定禅寺
金蛇水神社
おでん三吉 P.59
三越
P.51 たん焼き
山梨
ビジネスホテル
太陽
商工会議所前
デジタルアーツ仙台
本町二丁目
ocean fatare
P.66
P.56 中国美点菜 彩華
P.48 旨味太助
P.60 杜の菓匠 玉澤総本店
一番町店
仙臺牛たん 貴
P.50
一番町（四）
一番町四丁目買物公園
国分町通
地下鉄南北線
露香 P.43
ボウルサンシャイン
ホテル
グリーンセレク
佐々重 P.43
国分町（二）
P.53 焼肉ハウス バリバリ 一番町店
甘味処 彦いち P.61
本町（二）
飲み喰い処 玄孫
P.64
P.55 富貴寿司
P.45 三井ガーデン
ホテル仙台
P.43 ほそやのサンド
アンバーロンド
P.66
スマイル
ホテル
仙台国分町
変なホテル
仙台国分町
商工会議所前
江陽グランドホテル
御宿野乃仙台
P.68 地雷也
お料理ほし P.43
東洋軒本店
P.57
広瀬通駅
広瀬通駅
広瀬通り
ダイワロイネットホテル仙台一番町
P.51 奥州仙台 七福・
牛たんの一仙
広瀬通一番町
ホテル
グリーンウィズ
ホテルグランテラス
仙台国分町
スーパーホテル
仙台・広瀬通り
ドーミーインEXPRESS
仙台広瀬通
フォーラス
炭焼き牛たん
おやま
P.50
Ostra de ole P.64
東北公済病院・
戦災復興記念館前
ぶらんど〜む一番町
P.32・124 仙台
七夕まつり
会場
P.43 三好堂
P.42 三瀧山
不動院
牛たん料理 閣
ブランドーム本店 P.51
電力ビル前
旬房 街道青葉
P.42
P.62 Patisserie&Cafe MythiQue
クリスロード店
アーケード街
クリスロード
P.33
晩翠通
国分町（一）
P.35 鳴海屋紙商事
七夕企画室
中央通り
ホテルクラウンヒルズ
仙台青葉通り
藤崎大町館
一番町（三）
藤崎
ファースト
タワー館
イオン
阿部蒲鉾店本店 P.43
青葉区
藤崎一番町館
マーブルロード
おおまち
藤崎
本館
ホテルリブマックス
仙台青葉通
P.55 お寿司と旬彩料理 たちばな
七十七
銀行本店
大町（一）
青葉通一番町駅
青葉通一番町駅
しまぬき本店
P.36
ホテル京阪仙台
シリウス・一番町
東二番丁小
文化横丁
P.125
晩翠草堂前
地下鉄東西線
青葉通
晩翠草堂前
サンモール一番町
一番町（二）
牡蠣小屋ろっこ
P.67
アルモント
ホテル仙台
晩翠草堂前
P.54 新富寿司
甘味処
すずや P.61
ホテルパールシティ仙台
国分町通
P.58 一番五郎
風禽窟 P.43
南町通
壱弐参横丁
P.125
P.42 ん bistro
野中神社
kazunori ikeda individuel 南町通店
P.62
高等裁判所前
仙台中局
東二番丁通
一番町（一）
中央四丁目
ホテルベルエア
仙台
五ッ橋通
galerie arbre P.35
白石へ

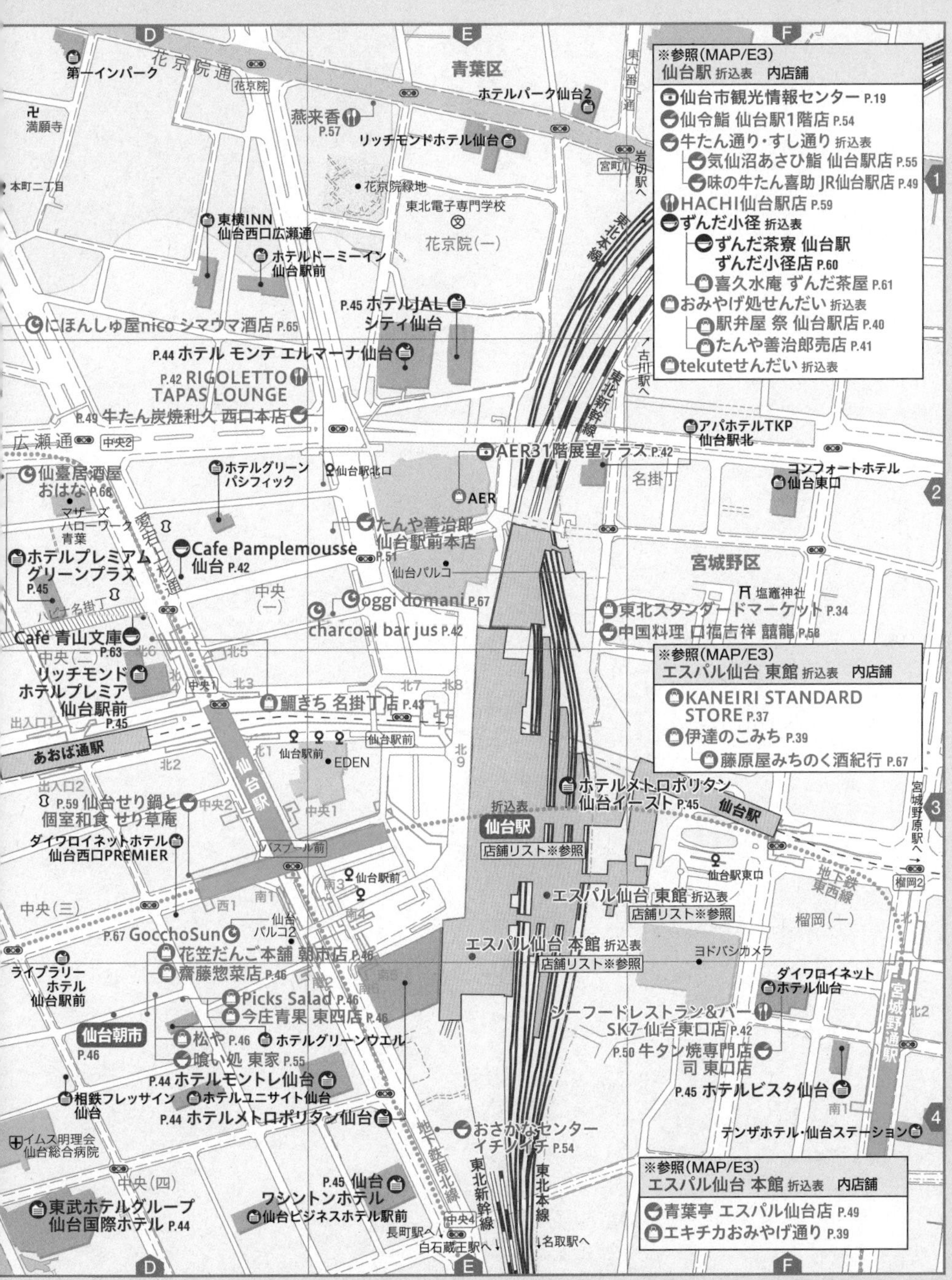
※参照(MAP/E3)
仙台駅 折込表 内店舗
仙台市観光情報センター P.19
仙令鮨 仙台駅1階店 P.54
牛たん通り・すし通り 折込表
気仙沼あさひ鮨 仙台駅店 P.55
味の牛たん喜助 JR仙台駅店 P.49
HACHI仙台駅店 P.59
ずんだ小径 折込表
ずんだ茶寮 仙台駅 ずんだ小径店 P.60
喜久水庵 ずんだ茶屋 P.61
おみやげ処せんだい 折込表
駅弁屋 祭 仙台駅店 P.40
たんや善治郎売店 P.41
tekuteせんだい 折込表
※参照(MAP/E3)
エスパル仙台 東館 折込表 内店舗
KANEIRI STANDARD STORE P.37
伊達のこみち P.39
藤原屋みちのく酒紀行 P.67
※参照(MAP/E3)
エスパル仙台 本館 折込表 内店舗
青葉亭 エスパル仙台店 P.49
エキチカおみやげ通り P.39
第一インパーク
花京院通
青葉区
ホテルパーク仙台2
燕来香 P.57
リッチモンドホテル仙台
満願寺
本町二丁目
花京院緑地
東北電子専門学校
花京院(一)
東横INN 仙台西口広瀬通
ホテルドーミーイン 仙台駅前
P.45 ホテルJAL シティ仙台
にほんしゅ屋nico シマウマ酒店 P.65
P.44 ホテル モンテ エルマーナ仙台
P.42 RIGOLETTO TAPAS LOUNGE
P.49 牛たん炭焼利久 西口本店
広瀬通
AER31階展望テラス P.42
アパホテルTKP 仙台駅北
コンフォートホテル 仙台東口
仙臺居酒屋 おはな P.66
ホテルグリーン パシフィック
仙台駅北口
AER
名掛丁
マザーズ ハローワーク 青葉
たんや善治郎 仙台駅前本店 P.51
ホテルプレミアム グリーンプラス P.45
Cafe Pamplemousse 仙台 P.42
仙台パルコ
宮城野区
塩竈神社
中央(一)
oggi domani P.67
charcoal bar jus P.42
東北スタンダードマーケット P.34
中国料理 口福吉祥 囍龍 P.58
Cafe 青山文庫 P.63
リッチモンド ホテルプレミア 仙台駅前 P.45
鯛きち 名掛丁店 P.43
あおば通駅
仙台駅前
EDEN
ホテルメトロポリタン 仙台イースト P.45
仙台駅
P.59 仙台せり鍋と 個室和食 せり草庵
ダイワロイネットホテル 仙台西口PREMIER
折込表
店舗リスト※参照
仙台駅東口
バスプール前
中央(三)
エスパル仙台 東館 折込表
店舗リスト※参照
榴岡(一)
P.67 GocchoSun
仙台パルコ2
花笠だんご本舗 朝市店 P.46
齋藤惣菜店 P.46
エスパル仙台 本館 折込表
店舗リスト※参照
ヨドバシカメラ
ライブラリー ホテル 仙台駅前
Picks Salad P.46
今庄青果 東四店 P.46
ダイワロイネット ホテル仙台
仙台朝市 P.46
松や P.46
ホテルグリーンウエル
シーフードレストラン&バー SK7 仙台東口店 P.42
喰い処 東家 P.55
P.50 牛タン焼専門店 司 東口店
P.44 ホテルモントレ仙台
P.45 ホテルビスタ仙台
相鉄フレッサイン 仙台
ホテルユニサイト仙台
P.44 ホテルメトロポリタン仙台
テンザホテル・仙台ステーション
イムス明理会 仙台総合病院
おさかなセンター イチノイチ P.54
中央(四)
P.45 仙台 ワシントンホテル
東武ホテルグループ 仙台国際ホテル P.44
仙台ビジネスホテル駅前
長町駅へ
白石蔵王駅へ
名取駅へ
東北本線
東北新幹線
地下鉄南北線
地下鉄東西線
宮城野通駅
宮城野原駅へ
岩切駅へ
古川駅へ

仙台MAP●仙台中心図

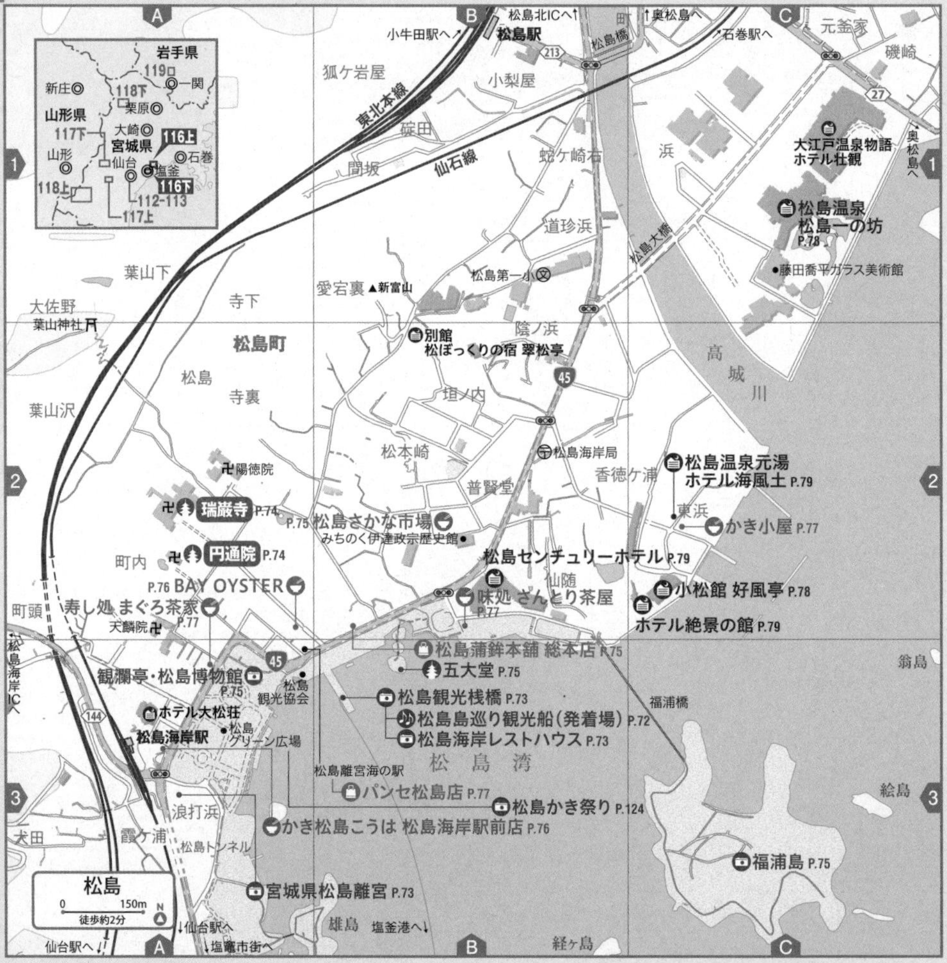

松島

松島駅
小牛田駅へ
松島北ICへ
奥松島へ
石巻駅へ
元釜家
磯崎
松島橋
狐ケ岩屋
小梨屋
東北本線
仙石線
碇田
間坂
蛇ケ崎
浜
大江戸温泉物語 ホテル壮観
奥松島へ
松島温泉 松島一の坊 P.78
藤田喬平ガラス美術館
道珍浜
松島大橋
葉山下
大佐野
葉山神社
寺下
愛宕裏 ▲新富山
松島第一小
陰ノ浜
松島町
別館 松ぼっくりの宿 翠松亭
高城川
松島
寺裏
葉山沢
垣ノ内
松本崎
松島海岸局
陽徳院
松島温泉元湯 ホテル海風土 P.79
香徳ケ浦
普賢堂
瑞巌寺 P.74
P.75 松島さかな市場
みちのく伊達政宗歴史館
東浜
かき小屋 P.77
円通院 P.74
町内
松島センチュリーホテル P.79
仙随
P.76 BAY OYSTER
町頭
寿し処 まぐろ茶家 P.77
味処 さんとり茶屋 P.77
小松館 好風亭 P.78
ホテル絶景の館 P.79
天麟院
松島海岸IC へ
松島蒲鉾本舗 総本店 P.75
五大堂 P.75
翁島
観瀾亭・松島博物館 P.75
松島観光協会
松島観光桟橋 P.73
福浦橋
ホテル大松荘
松島島巡り観光船(発着場) P.72
松島海岸駅
松島グリーン広場
松島海岸レストハウス P.73
松島離宮海の駅
松島湾
パンセ松島店 P.77
絵島
浪打浜
松島かき祭り P.124
犬田
かき松島こうは 松島海岸駅前店 P.76
霞ケ浦
松島トンネル
福浦島 P.75
宮城県松島離宮 P.73
0 150m 徒歩約2分
仙台駅へ
塩竈市街へ
雄島
塩釜港へ
経ケ島

岩手県
一関
新庄
栗原
山形県
大崎
宮城県
山形
仙台
石巻
塩釜
119
118下
117下
116上
116下
118上
112-113
117上

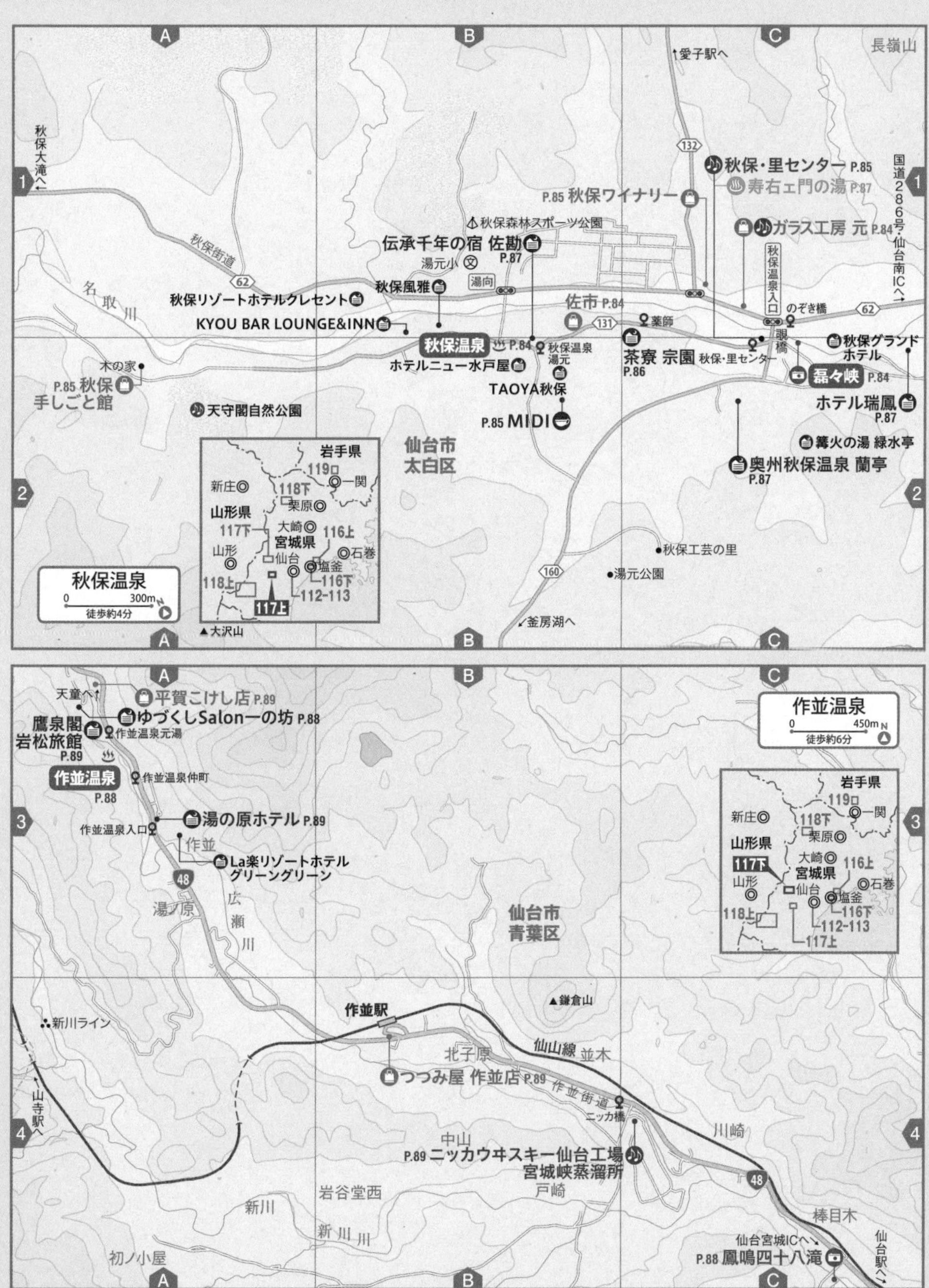

秋保温泉
0 300m
徒歩約4分
秋保・里センター P.85
寿右ェ門の湯 P.87
P.85 秋保ワイナリー
ガラス工房 元 P.84
秋保森林スポーツ公園
伝承千年の宿 佐勘 P.87
湯元小
湯向
秋保風雅
秋保リゾートホテルクレセント
KYOU BAR LOUNGE&INN
佐市 P.84
薬師
秋保温泉 P.84
秋保温泉湯元
ホテルニュー水戸屋
TAOYA秋保
P.85 MIDI
茶寮 宗園 P.86
秋保・里センター
のぞき橋
覗橋
秋保温泉入口
秋保グランドホテル
磊々峡 P.84
ホテル瑞鳳 P.87
篝火の湯 緑水亭
奥州秋保温泉 蘭亭 P.87
木の家
P.85 秋保 手しごと館
天守閣自然公園
仙台市 太白区
秋保工芸の里
湯元公園
大沢山
釜房湖へ
愛子駅へ
長嶺山
秋保大滝へ
秋保街道
名取川
国道286号・仙台南ICへ
作並温泉
0 450m
徒歩約6分
平賀こけし店 P.89
天童へ
ゆづくしSalon一の坊 P.88
鷹泉閣 岩松旅館 P.89
作並温泉元湯
作並温泉 P.88
作並温泉仲町
湯の原ホテル P.89
作並温泉入口
作並
La楽リゾートホテル グリーングリーン
湯ノ原
広瀬川
仙台市 青葉区
新川ライン
山寺駅へ
作並駅
鎌倉山
北子原
仙山線
並木
つつみ屋 作並店 P.89
作並街道
ニッカ橋
中山
P.89 ニッカウヰスキー仙台工場 宮城峡蒸溜所
川崎
戸崎
岩谷堂西
新川
新川川
初ノ小屋
棒目木
仙台宮城ICへ
仙台駅へ
P.88 鳳鳴四十八滝
岩手県
一関
新庄
栗原
山形県
大崎
宮城県
山形
仙台
石巻
塩釜

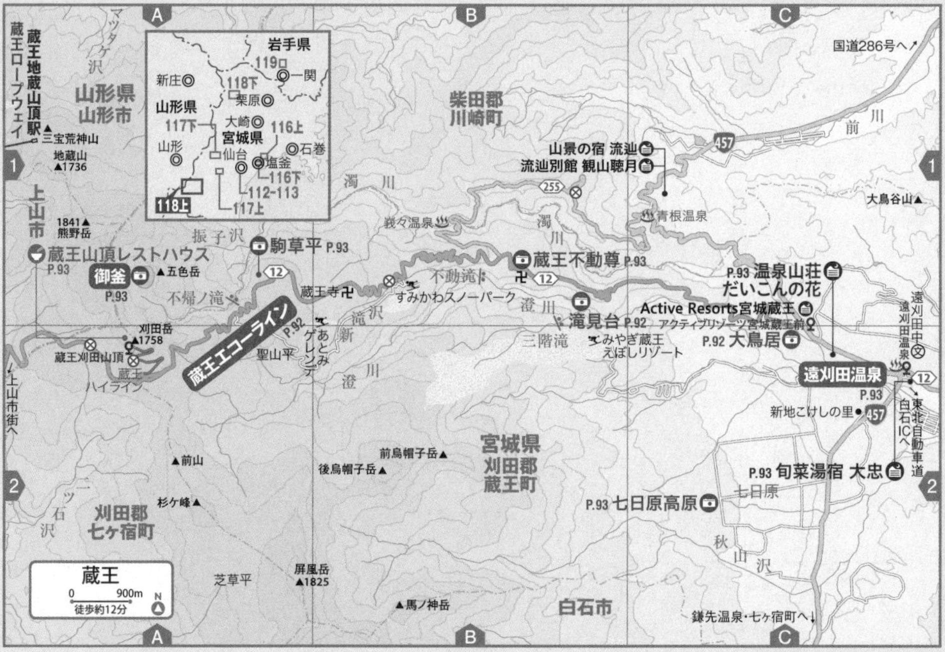
蔵王
0 900m
徒歩約12分
蔵王ロープウェイ 蔵王地蔵山頂駅
三宝荒神山
地蔵山 1736
山形県 山形市
上山市
1841 熊野岳
蔵王山頂レストハウス P.93
御釜 P.93
五色岳
刈田岳 1758
蔵王刈田山頂
蔵王ハイライン
不帰ノ滝
振子沢
駒草平 P.93
蔵王エコーライン
蔵王寺
聖山平
あとみゲレンデ P.92
すみかわスノーパーク
不動滝
蔵王不動尊 P.93
澄川
濁川
峩々温泉
青根温泉
柴田郡 川崎町
山景の宿 流辿
流辿別館 観山聴月
国道286号へ
前川
大鳥谷山
P.93 温泉山荘 だいこんの花
Active Resorts宮城蔵王
アクティブリゾーツ宮城蔵王前
滝見台 P.92
三階滝
みやぎ蔵王えぼしリゾート
P.92 大鳥居
遠刈田温泉 P.93
遠刈田中
遠刈田温泉
新地こけしの里
東北自動車道 白石ICへ
P.93 旬菜湯宿 大忠
P.93 七日原高原
七日原
秋山沢
宮城県 刈田郡 蔵王町
前烏帽子岳
後烏帽子岳
前山
杉ケ峰
刈田郡 七ヶ宿町
上山市街へ
マツタケ沢
ツ石沢
芝草平
屏風岳 1825
馬ノ神岳
白石市
鎌先温泉・七ヶ宿町へ
岩手県
一関
新庄
山形県
栗原
大崎
宮城県
山形
仙台
石巻
塩釜
118上
117下
118下
119
116上
116下
112-113
117上

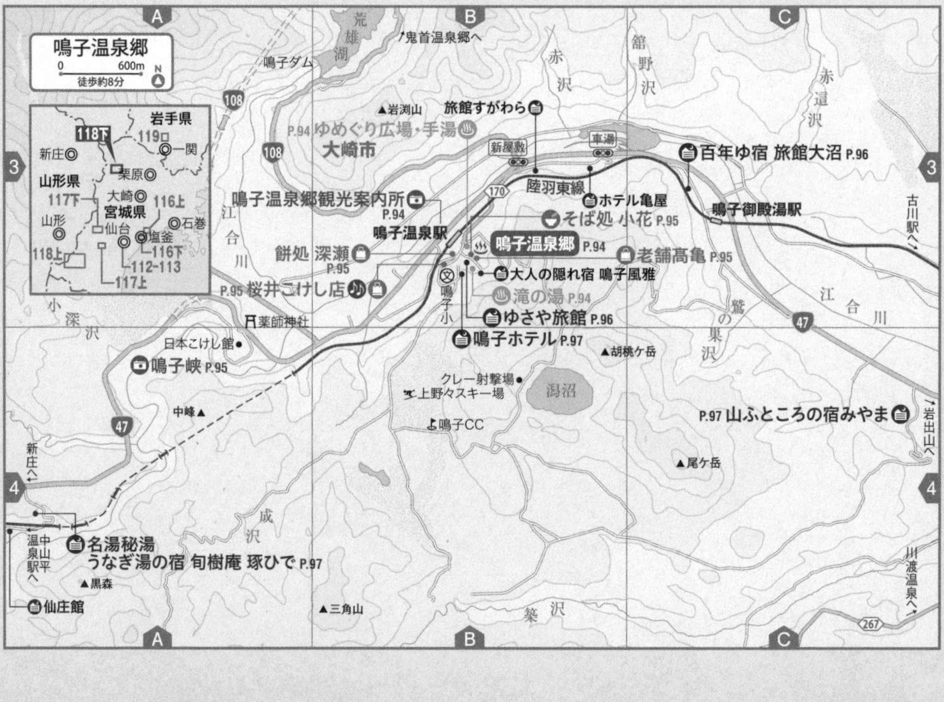
鳴子温泉郷
0 600m
徒歩約8分
荒雄湖
鳴子ダム
鬼首温泉郷へ
岩渕山
P.94 ゆめぐり広場・手湯
大崎市
旅館すがわら
新屋敷
車湯
陸羽東線
百年ゆ宿 旅館大沼 P.96
ホテル亀屋
鳴子御殿湯駅
鳴子温泉郷観光案内所 P.94
鳴子温泉駅
そば処 小花 P.95
鳴子温泉郷 P.94
老舗高亀 P.95
餅処 深瀬 P.95
大人の隠れ宿 鳴子風雅
P.95 桜井こけし店
滝の湯 P.94
ゆさや旅館 P.96
鳴子小
鳴子ホテル P.97
薬師神社
日本こけし館
鳴子峡 P.95
胡桃ケ岳
クレー射撃場
上野々スキー場
潟沼
鳴子CC
中峰
山ふところの宿みやま P.97
岩出山へ
古川駅へ
江合川
鷲の巣沢
赤沢
舘野沢
赤這沢
小深沢
尾ケ岳
新庄へ
中山平温泉駅へ
名湯秘湯 うなぎ湯の宿 旬樹庵 琢ひで P.97
黒森
仙庄館
成沢
三角山
築沢
川渡温泉へ
岩手県
一関
新庄
山形県
栗原
大崎
宮城県
山形
仙台
石巻
塩釜
118下
119
117下
116上
118上
116下
112-113
117上

ひと足エリアMAP● 蔵王／鳴子温泉郷／平泉

仙台への交通

仙台へのアクセスは東京方面からはJR東北新幹線利用が一般的。
その他のエリアからは飛行機利用が便利。
高速バスは東京からは夜行便と昼行便が、東北各地からは昼行便が運行している。

首都圏から新幹線・高速バスで

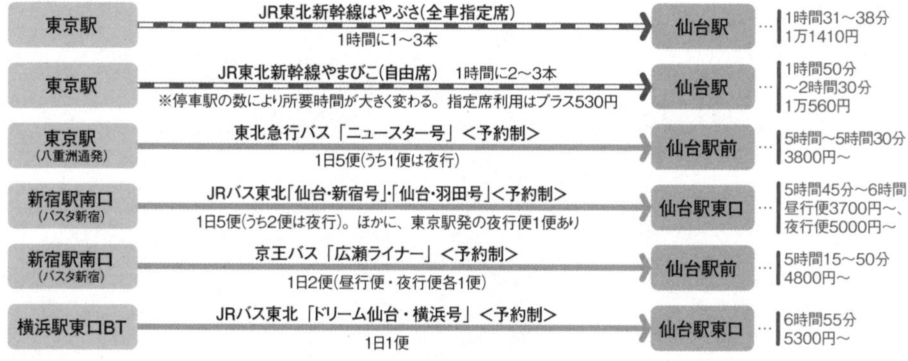

出発	路線	到着	所要時間・料金
東京駅	JR東北新幹線はやぶさ(全車指定席) 1時間に1～3本	仙台駅	1時間31～38分 1万1410円
東京駅	JR東北新幹線やまびこ(自由席)　1時間に2～3本 ※停車駅の数により所要時間が大きく変わる。指定席利用はプラス530円	仙台駅	1時間50分 ～2時間30分 1万560円
東京駅(八重洲通発)	東北急行バス「ニュースター号」<予約制> 1日5便(うち1便は夜行)	仙台駅前	5時間～5時間30分 3800円～
新宿駅南口(バスタ新宿)	JRバス東北「仙台・新宿号」・「仙台・羽田号」<予約制> 1日5便(うち2便は夜行)。ほかに、東京駅発の夜行便1便あり	仙台駅東口	5時間45分～6時間 昼行便3700円～、 夜行便5000円～
新宿駅南口(バスタ新宿)	京王バス「広瀬ライナー」<予約制> 1日2便(昼行便・夜行便各1便)	仙台駅前	5時間15～50分 4800円～
横浜駅東口BT	JRバス東北「ドリーム仙台・横浜号」<予約制> 1日1便	仙台駅東口	6時間55分 5300円～

東北各県から鉄道・バスで

▶ 青森から

出発	路線	到着	所要時間・料金
新青森駅	JR東北新幹線「はやぶさ」(全車指定席) 1時間に1～2本　※停車駅の数により所要時間が大きく変わる	仙台駅	1時間33分 ～2時間21分 1万1420円
青森駅前	十和田観光電鉄バス・弘南バス「ブルーシティ」<予約制> 1日2便	仙台駅前	5時間5分 4100～6200円

▶ 岩手から

出発	路線	到着	所要時間・料金
盛岡駅	JR東北新幹線「はやぶさ」(全席指定席)／1時間に1～3本 JR東北新幹線「やまびこ」(自由席)／日中1時間ごと。指定席利用はプラス530円	仙台駅	39分～1時間18分 はやぶさ6790円、 やまびこ6050円
盛岡駅西口	岩手県交通・岩手県北バス「アーバン号」 30分～1時間ごと。予約不要	仙台駅前	2時間27分 3300円

▶ 秋田から

出発	路線	到着	所要時間・料金
秋田駅	JR秋田新幹線「こまち」(全車指定席) 1時間に1～2本	仙台駅	2時間7～23分 1万460円
秋田駅東口	秋田中央交通「仙秋号」<予約制> 1日10便	仙台駅前	3時間35分 4500円

▶ 山形から

出発	路線	到着	所要時間・料金
山形駅	JR仙山線快速・普通 1時間に1本	仙台駅	1時間5～29分 1170円
山形(山交ビルBT)	山交バス(高速バス) 1時間に2～9便	仙台駅前	1時間11分 1000円

▶福島から

福島駅 — JR東北新幹線「やまびこ」(自由席) 1時間2〜3本。指定席利用はプラス530円 → 仙台駅 … 20〜26分 3210円

福島県庁前 — 福島駅東口 — 福島交通(高速バス) 20〜60分ごと → 仙台駅前 … 1時間39分 1300円

全国から飛行機で

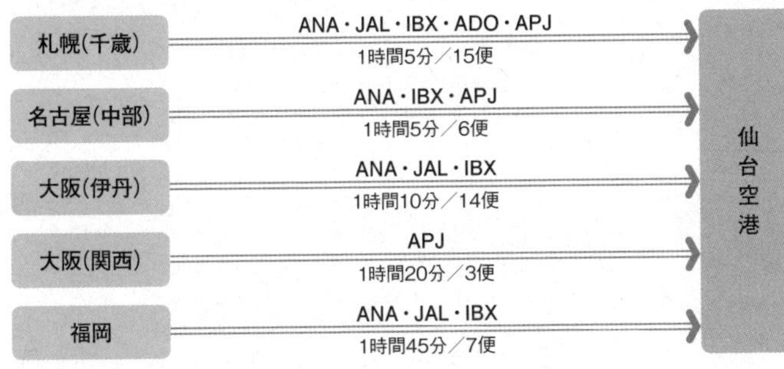

※仙台空港から仙台駅へは仙台空港鉄道が便利(仙台空港駅〜仙台駅間25分、660円)。
仙台エアポートリムジン(空港〜仙台駅前　所要35分、660円)もある。金〜月曜のみ運行。

全国各地から車で仙台へ

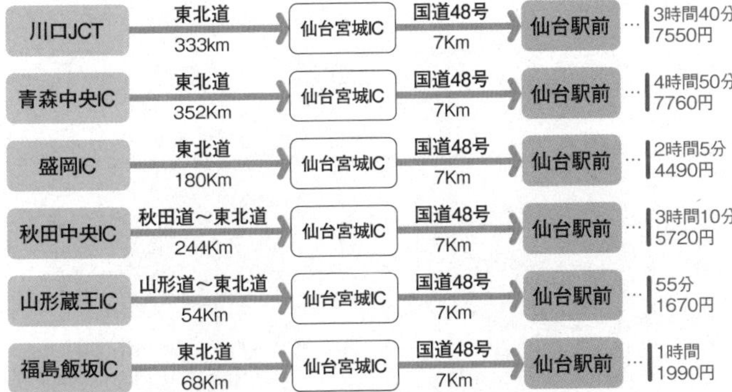

おトクなきっぷを活用しよう

●えきねっとトクだ値

JR東日本のインターネットJR券申し込みサービス「えきねっと」会員限定のサービスで、「えきねっと」サイトから申し込み購入する。東北新幹線の乗車券と指定席特急券が区間や列車により5〜15%割引になる。「えきねっと」の会員登録は無料。

●レール&レンタカーきっぷ

あらかじめネットや電話で駅レンタカーの予約をし、JR駅みどりの窓口で新幹線のチケットなどと一緒に駅レンタカー券を購入するシステム。Sクラス(ヴィッツ・フィットなど)で12時間7040円、24時間7920円(免責補償料込み)。さらにJRのチケットの割引もある。

☎問合せ先

鉄道

●JR東日本
(お問い合わせセンター)
☎050-2016-1600

●仙台市営地下鉄
(案内センター)
☎022-222-2256

●仙台空港鉄道
☎022-383-0150

航空会社

●全日空(ANA)
☎0570-029-222

●日本航空(JAL)
☎0570-025-071

●エアドゥ(ADO)
☎011-707-1122

●アイベックスエアラインズ(IBX)
☎0570-057-489

●ピーチ(APJ)
☎0570-000-931

高速バス

●東北急行バス
☎03-3529-0321

●JRバス東北
(仙台駅東口バス案内所)
☎022-256-6646

路線バス

●宮城交通
☎022-771-5310

●仙台市営バス
☎022-222-2256

●ミヤコーバス
☎022-771-5314

●東日本急行
☎022-218-3131

ドライブ

●日本道路交通情報センター
東北地方・宮城情報
☎050-3369-6604
東北地方高速情報
☎050-3369-6761
東北・常磐・関越道情報
☎050-3369-6762

仙台タウンの回り方

仙台市の中心街はJR仙台駅西口から徒歩約20分の範囲に広がっています。
仙台城跡などの見どころは駅から離れているのでバスや地下鉄を使っての移動を。

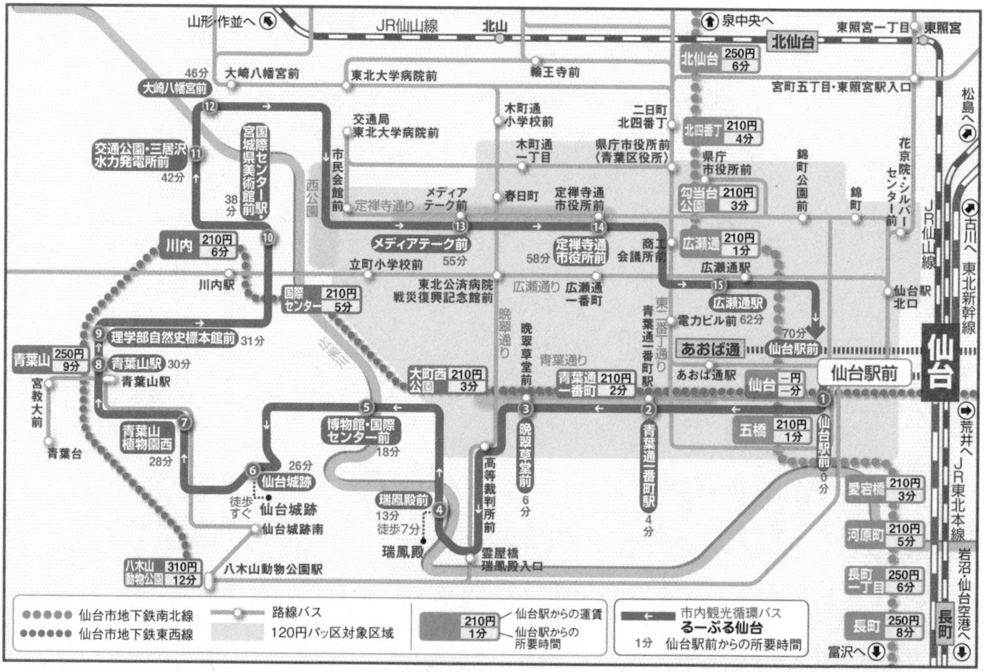

るーぷる仙台

仙台のおもな観光スポットをめぐる観光ループバス。仙台駅西口バスプールを起点に、瑞鳳殿や仙台城跡、大崎八幡宮、定禅寺通などを経て、仙台駅西口に戻る。平日は30分間隔、土・日曜、祝日は20分間隔で運行。瑞鳳殿の七夕ナイト(☞P23)や、SENDAI光のページェント(☞P29)に合わせて夜間特別運行も行われる。

1回乗車260円、1日乗車券630円
☎022-222-2256(仙台市交通局案内センター)

▲1周約1時間10分。車内では名所の観光案内も

1日乗車券がお得です

るーぷる仙台と地下鉄が一日乗り降り自由になる「るーぷる仙台・地下鉄共通1日乗車券」920円。仙台駅西口バスターミナル案内所や地下鉄各駅の窓口などで販売。

☎022-222-2256
(仙台市交通局案内センター)

仙台市地下鉄

富沢駅と泉中央駅を結ぶ南北線と、八木山動物公園駅と荒井駅を結ぶ東西線がある。定禅寺通へは南北線勾当台公園駅、仙台市博物館や宮城県美術館へは東西線国際センター駅で下車しよう。

運賃210～370円、1日乗車券840円(土・日曜、祝日は620円) ☎022-222-2256(仙台市交通局案内センター)

▲郊外への移動にも便利

120円パッ区

仙台駅西口の指定区域内を走る仙台市営バスと宮城交通のバスが、1回120円で乗車できる。バス停に120円パッ区の目印が付いている。

☎022-222-2256(仙台市交通局案内センター)
☎022-771-5310(宮城交通)

▲一定区域を走る路線バスが対象

仙台から周辺エリアへの交通

松島へはJR仙石線で、平泉へは東北新幹線と東北本線を乗り継いで。
作並・鳴子など周辺の温泉地へはJRのほか、バスの利用も便利です。

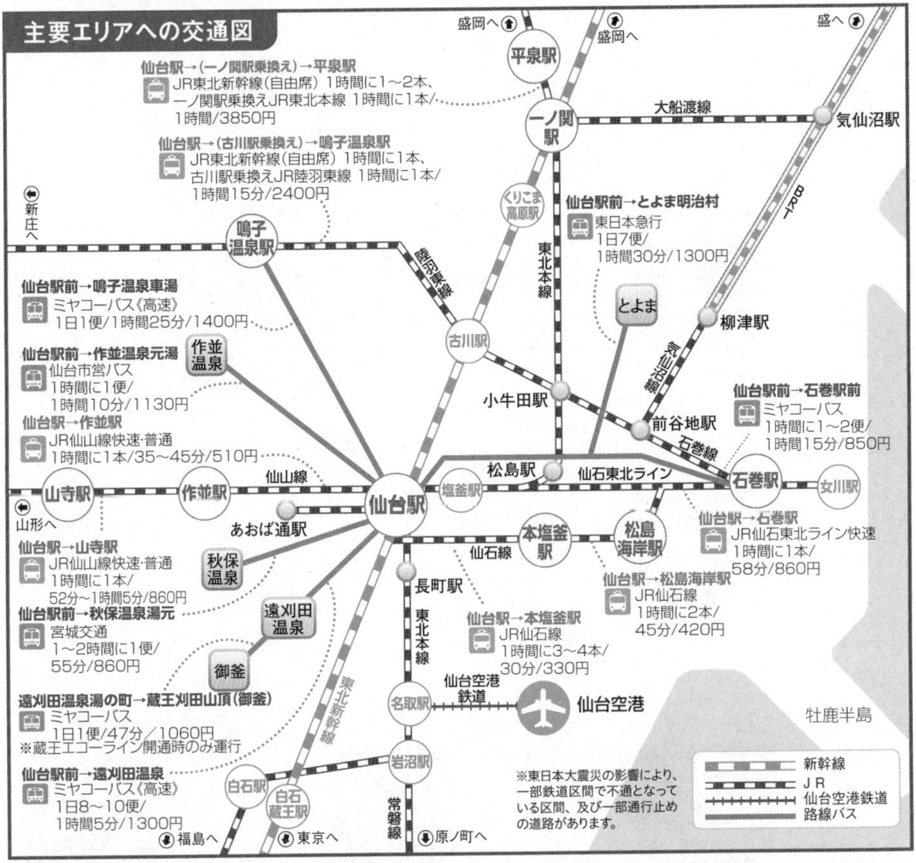

主要エリアへの交通図
盛岡へ
盛岡へ
盛へ
平泉駅
仙台駅→(一ノ関駅乗換え)→平泉駅
JR東北新幹線(自由席) 1時間に1～2本、
一ノ関駅乗換えJR東北本線 1時間に1本/
1時間/3850円
一ノ関駅
大船渡線
気仙沼駅
仙台駅→(古川駅乗換え)→鳴子温泉駅
JR東北新幹線(自由席) 1時間に1本、
古川駅乗換えJR陸羽東線 1時間に1本/
1時間15分/2400円
新庄へ
BRT
くりこま高原駅
仙台駅前→とよま明治村
東日本急行
1日7便/
1時間30分/1300円
鳴子温泉駅
陸羽東線
東北本線
とよま
仙台駅前→鳴子温泉車湯
ミヤコーバス《高速》
1日1便/1時間25分/1400円
古川駅
柳津駅
気仙沼線
仙台駅前→作並温泉元湯
仙台市営バス
1時間に1便/
1時間10分/1130円
作並温泉
小牛田駅
仙台駅前→石巻駅前
ミヤコーバス
1時間に1～2便/
1時間15分/850円
仙台駅→作並駅
JR仙山線快速・普通
1時間に1本/35～45分/510円
前谷地駅
石巻線
松島駅
仙石東北ライン
仙山線
山寺駅
作並駅
仙台駅
塩釜駅
石巻駅
女川駅
山形へ
あおば通駅
本塩釜駅
松島海岸駅
仙台駅→石巻駅
JR仙石東北ライン快速
1時間に1本/
58分/860円
仙石線
仙台駅→山寺駅
JR仙山線快速・普通
1時間に1本/
52分～1時間5分/860円
秋保温泉
長町駅
仙台駅→松島海岸駅
JR仙石線
1時間に2本/
45分/420円
仙台駅前→秋保温泉湯元
宮城交通
1～2時間に1便/
55分/860円
遠刈田温泉
東北本線
仙台駅→本塩釜駅
JR仙石線
1時間に3～4本/
30分/330円
御釜
仙台空港鉄道
東北新幹線
名取駅
仙台空港
牡鹿半島
遠刈田温泉湯の町→蔵王刈田山頂(御釜)
ミヤコーバス
1日1便/47分/1060円
※蔵王エコーライン開通時のみ運行
岩沼駅
仙台駅前→遠刈田温泉
ミヤコーバス《高速》
1日8～10便/
1時間5分/1300円
白石駅
白石蔵王駅
常磐線
※東日本大震災の影響により、一部鉄道区間で不通となっている区間、及び一部通行止めの道路があります。
新幹線
JR
仙台空港鉄道
路線バス
福島へ
東京へ
原ノ町へ

おトクなきっぷを活用しよう

●仙台まるごとパス

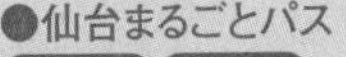

新幹線× 指定席× 途中下車○

ねだん2720円

仙台を中心にしたJR、仙台空港鉄道、阿武隈急行の一部、るーぷる仙台(☞P122)、仙台市営バス・地下鉄(☞P122)、宮城交通の指定バス路線が2日間乗り降り自由。

作並温泉
愛子
北仙台
利府
松島
松島海岸
山寺
作並
仙台城跡
本塩釜
あおば通
仙台
瑞鳳殿前
長町
二口
秋保大滝
秋保温泉
名取
白石
仙台空港
JR線
仙台空港鉄道
るーぷる仙台
仙台市営バス
宮城交通バス
※地下鉄と阿武隈急行は省略、バスは主要路線

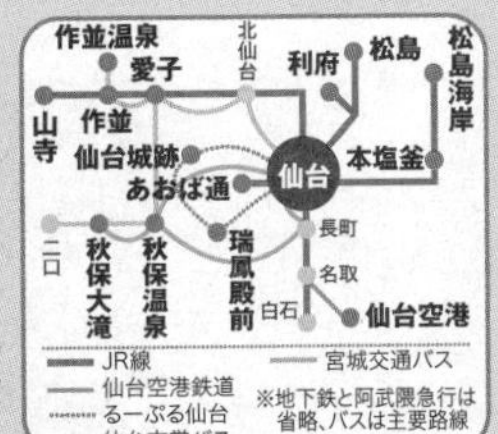

●小さな旅ホリデー・パス

新幹線× 指定席× 途中下車○

ねだん2720円

土・日曜・祝日やGW、夏・冬休みに、右のJR線の快速・普通列車の自由席が1日乗り降り自由。山形新幹線に乗車するには特急券が必要。

平泉
気仙沼
石巻
鳴子温泉
新庄
小牛田
利府
作並
山形
あおば通
仙台
松島海岸
女川
左沢
米沢
福島
今泉
岩沼
会津若松
山下
喜多方
郡山
小野新町
只見
新白河

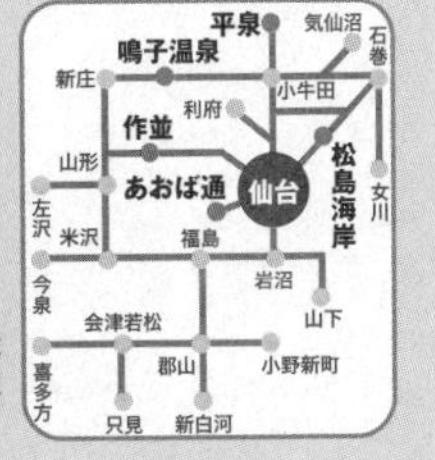

仙台・松島・平泉の知っておきたいエトセトラ

仙台・松島・平泉の祭やイベント、伝統文化などをご紹介。
出かける前に予習して、より充実した旅を楽しみましょう。

祭・イベント

江戸時代から続く伝統行事や、東北ならではのイベントが盛りたくさん。出かける前にチェックしてみて。

1月14日 松焚祭(どんと祭)

まつたきまつり(どんとさい)

正月飾りを焼き、一年の無病息災や家内安全を祈願。仙台市内の各神社で開催されるが、なかでも大崎八幡宮の松焚祭が有名。

写真提供：(公財)仙台観光国際協会

☎022-234-3606(大崎八幡宮)
主会場：大崎八幡宮など MAP P112A1

2月上旬 松島かき祭り

まつしまかきまつり

カキの名産地・松島ならではの多彩なカキ料理をいただける。小ぶりだがうま味が凝縮された、旬の味覚を堪能しよう。

☎022-354-2618(松島観光協会) 主会場：松島グリーン広場(予定) MAP P116A3

4月下旬～5月上旬 米山チューリップまつり

よねやまちゅーりっぷまつり

道の駅 米山に隣接する1万㎡の畑で、約60種 類10万株のチューリップが咲き競う光景は見もの。球根や農作物の販売も行う。

☎0220-55-2747(道の駅 米山)主会場：道の駅 米山周辺 MAP 折込裏D5

5月1～5日 春の藤原まつり

はるのふじわらまつり

奥州藤原氏の栄華を偲び、稚児行列や神事能などを開催。写真は中尊寺と毛越寺の間で行われる「源義経公東下り行列」の様子。

☎0191-46-2110(平泉観光協会)主会場：中尊寺(☞P104)など MAP P119A1

7月第3月曜 塩竈みなと祭

しおがまみなとまつり

戦後の産業復興を願って始まった祭り。鳳凰などをかたどった極彩色の御座船が神輿を乗せ、湾内を巡幸する神輿海上渡御(みこしかいじょうとぎょ)は必見。

☎022-364-1165(塩竈市商工観光課)主会場：鹽竈神社(☞P80)など MAP P116A4

8月6～8日 仙台七夕まつり

せんだいたなばたまつり

仙台藩祖・伊達政宗の時代から約400年続く伝統行事。市内商店街を中心に、豪華絢爛な七夕飾りが飾られる。街中が鮮やかに彩られる様子を楽しもう。

☎022-265-8185(仙台七夕まつり協賛会)主会場：仙台市内商店街など MAP P114C3ほか(☞P32)

8月16日 平泉大文字送り火

ひらいずみだいもんじおくりび

平泉のお盆の夜を彩る恒例行事。奥州藤原氏と源義経の追善などのため、衣川東側の束稲山(たばしねやま)で大文字の送り火を行う。

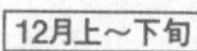

☎0191-46-2110(平泉観光協会)主会場：平泉町内 MAP 折込裏D3

10月上旬 みちのくYOSAKOIまつり

みちのくよさこいまつり

仙台市内各所で鳴子を持ち、民謡を取り入れた曲で踊る。衣装や振り付けは自由。華麗な演舞や大旗の妙技などは圧巻！

☎022-268-2656(みちのくYOSAKOIまつり実行委員会)主会場：勾当台公園など MAP P113D2

12月上～下旬 SENDAI光のページェント

せんだいひかりのぺーじぇんと

定禅寺通のケヤキ並木が数十万球のLEDで飾られる、仙台の冬の風物詩。点灯の瞬間は特に感動的で、歓声があがるほどの美しさ。

☎022-261-6515(SENDAI光のページェント実行委員会)主会場：定禅寺通など MAP P112C2(☞P33)

2大レトロ横丁

アーケード街のサンモール一番町通りから、横道にそれた場所にある2つの懐かしさ漂う横丁。個性派揃いの店を訪ねてみるのもいい。

いろはよこちょう
壱弐参横丁

昭和20年(1945)の仙台空襲の復興からスタートした横丁。当初は中央公設市場があり市民の台所として賑わった。その後、飲食店などが増え、現在ではおしゃれな立ち飲みバーや、個性的な雑貨店などが並ぶ。
MAP P114B4

写真提供：(公財)仙台観光国際協会

ぶんかよこちょう
文化横丁

大正時代にあった活動写真館・文化キネマを中心に栄えた、仙台を代表する飲み屋街のひとつ。「ブンヨコ」の愛称で親しまれている横丁は、夕暮れ後に訪れるとネオンや提灯の灯りなど、昭和の情緒を感じられる。
MAP P114B3

宮城のこけし

宮城県内で作られている4つの系統のこけしをご紹介。仙台市内（☞P36）や作並温泉（☞P88)、鳴子温泉郷（☞P94）などで購入できる。

なるここけし
鳴子こけし

中央部が細くなった安定感のある胴体と、水引手（みずひきて）とよばれる赤い頭飾りが特徴。頭部と胴体が特別な方法ではめ込まれており、首を回すとキュッキュッと音が鳴る。胴体に描かれる模様は、写実的な菊モチーフが代表的。

とおがったこけし
遠刈田こけし

遠刈田温泉（☞P93）を中心に広がり、大きな頭と対照的な細い胴体をもつ。頭に描かれる赤い放射状の華やかな模様や、三日月形の涼やかな目元が個性的。胴体には、菊や梅などの図案化された花模様や、写真のような木目模様が描かれる。

やじろうこけし
弥治郎こけし

白石市の弥治郎地域で作られ、ベレー帽のようなろくろ模様が描かれた大きな頭が特徴。胴体にもろくろ模様が施され、着物の裾や襟を表現した手描き模様が入るものもある。黄色や紫などが用いられた鮮やかな配色にも注目。

さくなみこけし
作並こけし

子どもの手にも持ちやすい細い胴体など、木地玩具だった頃の特性が色濃く残る。表情は素朴で穏やかで、胴にはろくろ模様や「カニ菊」とよばれる独特の菊などが描かれているものが多い。近年では安定感のある台付きのタイプも出ている。

写真協力:しまぬき本店(☞P36)

仙台の方言

いぎなり …突然、とても
いずい …しっくりこない、不快感がある
〜だっちゃ …〜です
んだがら …そうだよね
むつける …不機嫌になる、いじける
なじょする …何をする、どうする

仙台駄菓子

江戸時代が起源ともいわれる「仙台駄菓子」は素朴な味わいが魅力。職人が手作りする伝統的な仙台駄菓子は、おみやげとしても人気。

うさぎだま
うさぎ玉

餡や黒糖などを練り合わせて丸め、白蜜をかけた練り菓子で、軟らかな食感が特徴。仙台駄菓子の代表的な菓子。

しぐれねじり
しぐれねじり

きな粉や砂糖、餅種を練り合わせてねじり、白砂糖でコーティングした駄菓子。きなこ、黒糖、ごま味などもある。

うめぼし
うめぼし

餅粉や水飴、砂糖を練り、食紅で色付けしたかわいらしい駄菓子。梅干しのような見た目がネーミングの由来。

たいはくあめ
太白飴

餅米や麦芽で作る昔ながらの飴。やさしい甘さと口当たりのよさが特徴で、幅広い年代に親しまれている。

エスパル仙台地下1階エキチカおみやげ通り(☞P39)などで購入可。
※名称や製造は店舗ごとに異なります。
写真提供：仙台市観光課

INDEX さくいん

仙台タウン

観光みどころ　プレイスポット　レストラン・食事処　カフェ・喫茶　居酒屋・BAR　みやげ店・ショップ　宿泊施設

松島・塩竈

ひと足のばしてエリア

平泉

立ち寄り湯

ココミル cocomiru 仙台 松島 平泉

東北①

2023年10月15日初版印刷
2023年11月1日初版発行

編集人：金井美由紀
発行人：盛崎宏行
発行所：JTBパブリッシング
〒135-8165
東京都江東区豊洲5-6-36 豊洲プライムスクエア11階

編集・制作：情報メディア編集部
編集デスク：大澤由美子
編集スタッフ：中野美幸
取材・編集：MOVE／加藤貴伸／依田啓祐

アートディレクション：APRIL FOOL Inc.
表紙デザイン：APRIL FOOL Inc.
本文デザイン：APRIL FOOL Inc.
snow（萩野谷秀幸）
イラスト：平澤まりこ
撮影・写真：桂嶋啓子／仙台市博物館／瑞鳳殿／瑞巌寺／中尊寺／宮城県観光課／仙台市観光課／（公財）仙台観光国際協会／SENDAI光のページェント実行委員会／（一社）松島観光協会／関係各市町村観光課・観光協会・施設
地図：ゼンリン／千秋社／ジェイ・マップ
組版・印刷所：TOPPAN

編集内容や、商品の乱丁・落丁の
お問合せはこちら

JTB パブリッシング お問合せ 

https://jtbpublishing.co.jp/contact/service/

本書に掲載した地図は以下を使用しています。
測量法に基づく国土地理院長承認（使用）R 5JHs 167-032号
測量法に基づく国土地理院長承認（使用）R 5JHs 168-015号

●本書掲載のデータは2023年8月末日現在のものです。発行後に、料金、営業時間、定休日、メニュー等の営業内容が変更になることや、臨時休業等で利用できない場合があります。また、各種データを含めた掲載内容の正確性には万全を期しておりますが、お出かけの際には電話等で事前に確認・予約されることをお勧めいたします。なお、本書に掲載された内容による損害賠償等は、弊社では保障いたしかねますので、予めご了承くださいますようお願いいたします。●本書掲載の商品は一例です。売り切れや変更の場合もありますので、ご了承ください。●本書掲載の料金は消費税込みの料金ですが、変更されることがありますので、ご利用の際はご注意ください。入園料などで特記のないものは大人料金です。●定休日は、年末年始・お盆休み・ゴールデンウィークを省略しています。●本書掲載の利用時間は、特記以外原則として開店（館）～閉店（館）です。オーダーストップや入店（館）時間は通常閉店（館）時刻の30分～1時間前ですのでご注意ください。●本書掲載の交通表記における所要時間はあくまでも目安ですのでご注意ください。●本書掲載の宿泊料金は、原則としてシングル・ツインは1室あたりの室料です。1泊2食、1泊朝食、素泊に関しては、1室2名で宿泊した場合の1名料金です。料金は消費税、サービス料込みで掲載しています。季節や人数によって変動しますので、お気をつけください。●本誌掲載の温泉の泉質・効能等は、各施設からの回答をもとに原稿を作成しています。

本書の取材・執筆にあたり、
ご協力いただきました関係各位に厚くお礼申し上げます。

おでかけ情報満載 https://rurubu.jp/andmore/

233224 280262
ISBN978-4-533-15555-0 C2026

2311

2311

ココミル
cocomiru

北海道① 札幌 小樽 旭山動物園
北海道② 函館
北海道③ 富良野 美瑛 札幌 旭山動物園
東北① 仙台 松島 平泉
東北② 十和田 奥入瀬 弘前 青森
関東❶ 東京
関東❷ 横浜 中華街
関東❸ 鎌倉
関東❹ 日光 鬼怒川
関東❺ 箱根
関東❻ 秩父 長瀞 高尾山
関東❼ 千葉 房総
関東❽ 草津 伊香保 四万 みなかみ
中部① 伊豆
中部② 軽井沢
中部③ 金沢 北陸
中部④ 名古屋
中部⑤ 伊勢 志摩
中部⑥ 長野 小布施 戸隠 湯田中渋温泉郷
中部⑦ 飛騨高山 白川郷
中部⑧ 松本 安曇野 上高地
中部⑨ 富山 五箇山 白川郷 立山黒部
中部⑩ 河口湖 山中湖 富士山麓 御殿場
中部⑪ 新潟 佐渡
関西❶ 京都
関西❷ 大阪
関西❸ 神戸
関西❹ 奈良
関西❺ 南紀白浜 熊野古道 高野山
関西❻ 滋賀 びわ湖 近江八幡 彦根 長浜
中国四国❶ 松江 出雲 石見銀山 境港
中国四国❷ 倉敷 尾道 瀬戸内の島々
中国四国❸ 広島 宮島
中国四国❹ 四国
中国四国❺ 萩 津和野 門司港レトロ 下関
九州① 福岡 糸島 太宰府 柳川
九州② 長崎 ハウステンボス
九州③ 鹿児島 霧島 指宿 屋久島
九州④ 沖縄
九州⑤ 石垣 竹富 宮古 西表島
九州⑥ 湯布院 別府 阿蘇 黒川温泉

ISBN978-4-533-15555-0
C2026 ¥1000E

9784533155550

定価1100円(10%税込)

JTBパブリッシング

1922026010001

cocomiruで、
旅のステキなストーリーみつけてね！